KB068547

평범한 전업주부는
어떻게 1년 만에
월 1,000만 원을 벌었을까?

디지털 노마드 맘을 위한 온라인 창업 실전 노하우

평범한 전업주부는 어떻게 1년 만에 월 1000만 원을 벌었을까?

온코치 김서현 지음

프롤로그

열 번 이직한 경단녀,
아이 키우며
월 매출 1,000만 원을 달성하다

만약 내가 결혼하지 않았더라면, 아이를 낳지 않았더라면, 그저 그런 평범한 삶을 살았을 것이다. 그런데 나에게 사랑하는 아이가 생겼다. 그때부터 '엄마'라는 막대한 책임감이 생겼다. 더 이상 육아와 커리어 문제로 흔들리기 싫었다. 그래서 내 안에 감춰진 욕망과 감정을 깊이 들여다봤다. 그 과정이 때론 힘들었지만 큰 깨달음도 있었다. 평범했던 이전과는 다른 삶을 살아 보기로 결심했다. "그럼에도 불구하고, 나는 엄마라서 돈을 잘 번다.", "그럼에도 불구하고, 나는 엄마라서 경제적 자유를 이룬다." 이런 결심들이 작지만 놀랍게 내 마음속에 변화와 울림을 주었다. 엄마인 나도 행복하고, 아이와 우리 가족 모두 행복한 '부자 ON 로드맵'을 따라 움직이기 시작했다.

열 번 이직한 경단녀

나는 이직만 열 번을 했다. 이직하는 과정에는 나름의 사연이 다 있었다. 지금 와서 돌이켜보면, 나는 내가 다니던 직장에 만족하지 못했다. 그리고 누군가에게 쉽게 상처받는 여린 사람이었으며, 호기심이 많아 다양성을 추구하는 자유로운 성향이었다. 많은 이직 끝에 작은 마케팅 회사에서 일하다가 3년 연애한 남자친구와 서른에 결혼했다. 그리고 계획보다 빨리 임신을 하게 됐다. 직장에서는 할 일이 많았고 모든 업무가 바쁘게 돌아갔다. 그 와중에 뱃속의 아이에게 문제가 있을 수 있다는 산부인과의 검사 결과를 받았다. 초음파 검사를 할 때 심방이 두 개여야 정상인데, 뱃속의 '축복이'는 심방이 세 개로 보인다는 것이었다. 산부인과 담당 의사 선생님의 말씀은 너무 절망적이었다. 더 큰 대학 병원에 가서 정밀 검사를 계속 받아야 했다. 이 사실을 회사 대표님께 말씀드리고 양해를 구했지만, 임산부에게만 특별 대우를 해줄 수 없다며 단박에 거절당했다.

"임산부도 일반 사원들과 똑같이 대하겠다."

냉정한 말 한마디가 마치, 날카로운 칼과 같았다. 그 칼은 내 가슴을 깊이 도려내어 너무 아팠다. 더 이상 회사를 다니지 못할 정도로 마음을 다쳤다. 결국 신랑과 의논 끝에 사표를 내고 퇴사했다. 그 후, 대학 병원에서 정밀 검사를 여러 번 받았다. 아이가 태어나 봐야 정확한 결과를 알 수 있다고 했다. 뱃속의 아이가 건

강하지 않을 수 있다는 말에 불안했다. 눈물로 지새운 밤이 너무 많아 셀 수도 없었다. 그리고 몇 달이 지나, 우리 딸 '축복이'를 낳았다. 정말 다행히도 심방이 두 개인 건강한 아이로 태어났다. 결론적으로 그때는 심각했지만 지금은 별일이 아닌 일이 됐다. 이것이 나의 '열 번 이직한 경단녀' 비하인드 스토리다. 적응하지 못한 직장 생활 덕분에 아이러니하게도 지금은 나답게 돈 버는 방법을 찾게 됐다. 더 이상 돌아갈 오아시스가 없었기에 또 다른 기회를 찾아 남들보다 일찍 메마른 사막을 빠져나올 수 있었다.

아이 키우며 월 매출 1,000만 원을 달성하다

'엄마'는 처음이라 모든 것이 서툴렀다. 하지만 최선을 다했다. 소중한 나의 아이를 키우며 모성애가 더 강해진 것 같다. 그러면서 미래에 대한 걱정과 책임감이 커졌다. 아이가 세 살이 되어 어린이집에 들어갈 때가 됐다. 나는 심각하게 '육아와 커리어'에 대해 고민했다. '아이가 어린이집에 가면 다시 회사에 갈 수 있을까? 야근이 많은 마케팅 회사는 워킹맘이 다니긴 힘들 텐데…. 월급쟁이 남편의 외벌이로는 생활이 빠듯하니까, 카페나 편의점에서 파트타임 아르바이트라도 할까? 그러다 아이가 아프거나, 방학이 되면 어쩌지? 맞벌이 혜택이 있으면서 일정을 조절할 수 있고, 그러면서 돈도 벌 수 있는 일이 뭘까?'

엄마들 모임에서 알게 된 또래 엄마가 있었다. 그녀는 온라인에서 아기 옷을 팔아서 월급 이상의 돈을 번다고 했다. 자세히 알아보니 온라인 창업을 하게 되면, 육아와 커리어에 대한 고민을 한방에 해결할 수 있었다. 100만 원도 안 되는 소자본으로도 시작이 가능했다. '그래, 나도 한번 해보자! 용돈이라도 우선 벌어보자! 그리고 딸아이가 초등학교에 들어가기 전까지 5년 안에 꼭 자리를 잡자!'

그렇게 시작한 창업으로 나는 한 달에 1,000만 원을 넘게 벌었다. 아이를 키우며, 혼자 온라인 쇼핑몰을 운영해서 1년 만에 이룬 성과였다. 이것이 경제적 자유를 찾아가는 여행의 첫 시작점이었으며, 내가 엄마가 돼서 부자 스위치를 ON으로 켜게 된 계기가 됐다. 그 후 얼굴을 오픈하는 유튜버가 되었으며, 브랜딩 코치로 강의도 했다. 심지어 이렇게 책까지 쓰게 되다니…. 정말 기적처럼 놀라운 일이다. 그렇게 3년 동안, 수 많은 실패와 성공으로 나만의 경험치를 쌓았다. 경제적 자유를 누리는 '디지털 노마드 맘'으로 빛나는 삶을 살고 싶었다. 그래서 '부자 ON 로드맵'을 만들어서 꾸준히 실천하며 여기까지 왔다.

사실 책 쓰기를 시작한 계기는 개인 브랜딩을 높이기 위해서였다. 브랜딩으로 영향력을 키우는 것이 경제적 자유로 가는 지름길이니까. 그리고 사랑하는 딸에게 남기고 싶은 메시지를 책으로 담고 싶은 이유도 컸다. 그러던 중 주변의 친구들이 눈에 들어왔다. 3년 전의 나처럼 육아와 커리어에 대해 고민이 많은 그녀들…. 워킹맘인 오래된 소꿉친구에게 책을 쓰기 시작했다고 말하니 "내가 실제로 따라해볼 만한 내용이 담기면 좋을 것 같아. 내 현실 조건에 적용이 가능하고 실천이 가능한 내용. 하지만 늘 실천으로 옮기지 못하는 게 문제야…."라는 대답이 돌아왔다.

전업주부인 또 다른 친구는 이렇게 말했다. "실질적으로 바로 적용해볼 수 있는 정보들이 궁금해지네! 서현이의 노하우를 배워서 네가 했던 것을 벤치마킹하고 싶어." 내가 경험하고 깨달은 노하우가 그녀들에게 잘 전해진다면 어떨까? 이 책을 읽고 인생의 터닝 포인트가 된다면 보람이 있지 않을까?

'수입 0원이었던 평범한 전업주부가 한 달에 1,000만 원 돈 버는 노하우'

누군가에게는 나의 경험담이 크게 도움이 되지 않을 수도 있다. 이미 큰 부를 이룬 사람들에게는 시시하게 느껴질지도 모른다. 하지만 30~40대 엄마들에게 만큼은 큰 동기 부여가 될 거라고 믿는다. '나도 이 정도는 할 수 있겠는데? 나도 한번 해보자!' 이 책을 읽고 '할 수 있다!'는 결심을 이끌어낼 수 있다면 기쁠 것 같다. 나도 같은 엄마이자 주부이기에, 그녀들이 겪고 있는 결혼 후의 어려움을 잘 안다. 그동안 내가 겪은 경험을 통해 깨달은 것들을 정리해서 알려주면, 시행착오를 줄여서 좀 더 빠르게 돈을 벌 수 있지 않을까?

조금 먼저 출발해 이제 갓 초보 딱지를 뗀 나의 성장은 현재 진행형이다. 나도 부자 ON 스위치를 켜서 꾸준히 노력 중이며, 당신도 가능하다. 몇 걸음 더 나아간 나의 조언이, 이제 시작하려는 왕초보에게 도움되길 바란다. 친근하고 따뜻한 가이드가 여기에 있다. 그러니 용기를 내서 함께 나아가보자!

디지털 노마드 주부로 아이 키우며, 나답게 돈 버는 방법이 궁금한가? 직접 실천할 수 있는 구체적인 팁과 미션까지 내가 가진 노하우를 공유하겠다. 직장에 얽매여 있는 워킹맘과 미래가 불안한 전업주부에게 '온라인 창업'이라는 새로운 대안을 알려 주고 싶었다. 엄마 사람들에게 꿈과 희망을 나누고 싶다.

부디, 이 책을 읽고 행동으로 반드시 기적을 만들어 보길 바라며…. 아이 키우며, 나답게 돈 벌기로 결심한 내 친구들을 진심으로 응원한다.

온코치 김서현

차례

2장 디지털 노마드 맘을 위한 온라인 창업 실전 노하우

3장 월 1,000만 원 버는 전업주부의 시크릿 머니 비법

4장 전업주부가 SNS로 돈으로부터 자유로워지는 법

아이 키우며
돈 버는 준비하기

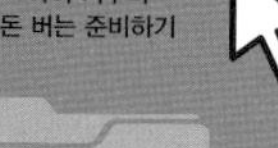

온라인 쇼핑몰
창업 도전하기

주부 인플루언서 되기

책 한 권으로 돈 벌기

N잡러
디지털 노마드 맘 되기

경제적 자유를 위한
파이프라인 구축하기

1장

수입 0원 전업주부, 나답게 돈 벌기로 결심하다

엄마도 할 수 있다!
부자 ON 스위치 켜기

우리는 누구나 아이 키우며, 나답게 돈 버는 엄마가 될 수 있다. 하지만 경제적 자유를 원한다면 실행을 위한 '결단'이 필요하다. '엄마도 할 수 있다!'라고 마음을 먹어야 한다. 부자 엄마가 되겠다는 ON 스위치를 바로 켜라. [부자 ON 스위치]는 생각보다 쉽게 켤 수 있다. 손가락 하나를 펴서 몸을 꾹 눌러보자. 그저 SNS에 '좋아요.' 버튼을 누르는 것처럼 가볍게 누르면 된다. 눌렀는가? 그 다음은 "나는 할 수 있다."라고 말해보자.

축하한다! 우리의 부자 ON 스위치가 켜졌다. 지금부터 자신의 강점을 믿고 실행해서 기회를 잡으면 된다.

당신은 꿈이 있는 엄마인가? 아직 자신의 꿈을 모른다면 그것부터 찾아라. 그 다음 꿈을 위한 목표를 정하고, 세부적으로 쪼개서 계획을 실천하자.

우리는 지금 부자가 되기 위해 부자가 되는 길로 걷고 있다. '부자 ON 로드맵 플랜'을 활용해 결혼 후 나답게 돈 벌기 위한 준비 과정을 단계별로 밟아갈 것이다. 부로 향하는 지도를 갖고 있다면 중간에 슬럼프나 실패가 와도 깊이 빠지지 않고, 금방 헤쳐나올 수 있다. 효과적으로 필요한 과정만 밟으며 계획대로 가다 보면 길을 헤매지 않고 목표에 빠르게 도착할 것이다.

엄마의 '부자 ON 로드맵'은 보물을 찾아 떠나는 여행과도 같다. 즉, '부자'라는 보물을 찾는 것도 중요하지만 여행 자체도 즐거워야 한다. 여행을 준비하는 과정, 여행하며 경험하는 행복과 감사, 그 여행을 통해 얻는 보물까지! 그로 인해 내 인생이 그리고 여행에 동반한 가족의 삶이 모두 풍요로워질 것이다.

'보물 찾기 여행'을 떠날 수 있는 인생은 얼마나 아름다울까? 세상은 넓고, 돈을 벌 수 있는 기회는 많다. 숲과 나무를 모두 볼 수 있는 삶의 시야를 넓혀 보자. 자기 확신이 점점 강해지면 기적이 나타날 것이다. 경제적 자유를 찾아 여행을 떠나기 전에, 그 믿음을 토대로 나만의 '부자 ON 로드맵' 지도부터 만들자. 최소한의 준비 과정을 거쳐 전략적으로 움직이다 보면, 좀 더 빠르게 나만의 멋진 보물들을 발견할 것이다.

주변과 상생하며 자유롭게 일하는 '디지털 노마드'로 살겠다고 결심하라. 평범한 주부에서 '부자 엄마'로 변화한다는 믿음으로 앞을 향해 나아가자. 이것은 꿈을 'ON' 해야만 현실이 된다.

18

열 번 이직한 내가 사업에 도전한 이유

"제가 듣기론, 이직을 열 번 했다고 들었어요."

"(멋쩍은 웃음) 네, 맞습니다."

"진짜예요? 열 번?"

"제가 사실 좀… 이직을 많이 한 편인 것 같아요."

유튜브 '렘군TV'에서 렘군 님과 인터뷰를 했다. '수입 0원 전업주부, 창업으로 월 1,000만 원 번 이야기'가 주제였다. 부동산 투자자이자 사업가로 유명한 렘군 님과의 인터뷰라니, 지금 생각해도 엄청 떨렸던 순간이다. 게다가 카메라 앞에서 영상을 찍어야 했기에 더욱 긴장했다. 그 와중에 렘군 님이 내게 던진 첫 질문은 '이직'에 대한 내용이었다. 렘군 님이 보기에도 열 번이나 되는 나의 이직 횟수가 놀라웠나 보다. 그렇다. 나는 회사를 열 번이나 이직한 별종이다.

대학에서 경영학과를 전공하고 졸업 후 온라인 마케터로 일했다. 광고대행사, 홍보팀, 마케팅팀과 관련된 다양한 회사들을 다녔다. 물론, 열 번의 이직 생활은 결코 녹록치 않았다. 다시는 과거로 돌아가고 싶지 않을 정도이다. 그래도 이제는 젊은 날을 버틴 추억들로 그때를 회상할 수 있어 다행이라고 생각한다. 나는 워낙 자유로운 성향을 갖고 있는 사람이며, 그래서 구속 받는 것을 정말 싫어했다. 잦은 이직으로 결혼 전 커리어는 탄탄하지 못했다. 그래서 더욱 어떻게 하면 나의 성향에 맞춰 돈을 벌 수 있을지 깊이 생각했던 것 같다. 그 결과 나의 강점에 집중했고, 지금은 '디지털 노마드 주부'로 만족하며 살아가고 있다.

어떤 사람은 이직을 여러 번 하는 것도 능력이라고 말한다. 하지만 나를 사회 부적응자로 생각하는 경우도 많았다. 과거에는 한 회사에 오래 다니지 못했던 직장 과거사를 남들에게 드러내지 않았다. 그러나, 지금은 열 번 이직한 사실을 솔직하게 밝히는 편이다. 그 이유는 다른 사람들에게 동기 부여가 되길 바라는 마음 때문이다.

나는 결혼 후 임신을 하게 되면서 회사를 관뒀다. 그리고 수입 0원의 경단녀가 되었으며, 3년간 전업주부로 살았다. 이런 내가 온라인 쇼핑몰 사업으로 작은 성공들을 이뤘다. 열 번 이직한 나도 하는 사업인데, 당신도 할 수 있다는 가능성을 열어주고 싶다. 이런 나도 사업을 하니, 이 책을 통해 누구나 나처럼 할 수 있다는 진심이 담긴 메시지가 전해지길 바란다.

"지금 하는 일은 어떤 거예요?"

"지금은 여러 가지 일을 하고 있어요. 제가 처음 시작한 것은 온라인 의류 쇼핑몰이었고요, 1년 정도 해서 월 매출 1,000만 원을 만들었어요."

"와~ 월 1,000만 원!!"

"네. 그 다음에 사업을 차별화 하기 위해서 제 자신을 개인 브랜딩하게 됐어요. 현재는 유튜브를 운영하며 강의와 코칭도 하고, 책 쓰기도 하고 있습니다."

"개인 브랜딩에 의류 쇼핑몰까지, 다 하셨네요."

나와 렘군 님의 유튜브 인터뷰 영상에 어떤 분이 이런 댓글을 남겼다. '월 순익 1,000만 원이 아니라 월 매출 1,000만 원을 만드는 건 그리 어려운 일이 아니랍니다.' 이것은 맞는 말이다. 나는 그저 월 매출 1,000만 원이라는 작은 성공을 달성한 사람이다. 하지만 누구나 노력하면 월 매출 1,000만 원을 충분히 만들 수 있다. 그 어렵지 않은 목표 달성을 누구나 할 수 있으니 한 번 해보라고 사람들에게 알려주고 싶다. 나의 경우, 온라인 쇼핑몰 사업을 해서 최고 많이 번 순수익은 500만 원 정도 된다. 또한, 강의만으로 이틀 만에 300만 원을 벌기도 했다. 총 9시간을 일해서 한 달치 월급을 벌었다.

참고로 지금까지 다녔던 직장에서는 월급을 300만 원 이상 받아본 적이 없다. 야근도 많았고 만년 '을'인 직장인이었다. 아무리 열심히 해도 월급 외 보너스는 없었다. 그때의 직장 생활에 비하면 지금은 아이를 키우며 시간을 자유롭게 쓴다. 강의를 할 때, 나를 코치님이라고 불러주는 사람들이 있는 것도 좋다. 직접 사업을 하며 버는 수입과 디지털 노마드 생활에 만족한다. 무엇보다 분명 한 건, 앞으로 더 많은 돈을 벌 수 있다는 자기 확신이다. 같은 주부로써 나를 보고 '이 정도면 나도 할 수 있겠다.'라고 생각하길 바란다. 그리고 꼭 도전해서 작은 성공들을 축적하자. 나도 또래 엄마가 하는 것을 보고 '나도 해볼만 하겠다.'라는 마음으로 사업을 시작했다.

"의류 쇼핑몰을 하게 된 계기가 있나요?"

"제가 출산 후 경단녀가 된 상황에서 아이가 어린이집에 갈 시기가 됐을 때 뭘 해야 할까? 생각을 한 게 계기가 됐던 것 같아요. 그 과정에서 엄마들 모임에서 알게 된 또래 엄마가 인스타그램에서 아기 옷을 판매하는 걸 보게 된 거죠. 그걸 보고, '저 아기 엄마가 하는 거면 나도 할 수 있지 않을까?'라고 생각했어요.

"She Can Do it! He Can Do it! Why Not Me?" 제가 좋아하는 말인데요. 그 사람도 하고 저 사람도 하는데, 나라고 안될까? 나도 해보자! 이 마음으로 시작했습니다."

"결론적으로는 아기 옷을 판 거네요?"

"네. 처음에는 아기 옷을 팔았고요. 팔다 보니 수영복도 팔고, 여성복도 팔면서 수입이 늘어났죠."

렘군 님과 유튜브 인터뷰를 하면서 지난 3년간 경험했던 온라인 창업 스토리를 돌아볼 수 있었다. 1인 창업은 처음이었기에 많은 시행착오를 겪었다. 당연히 포기하고 싶은 위기의 순간도 몇 번 있었다. 그러나 슬럼프를 극복하며 계속하다 보니 작은 성공들이 쌓였다. 이런 내 경험담이 누군가에게 좋은 영향을 주길 바란다. 평범한 주부였던 나의 날갯짓이 누군가에게 놀라운 나비효과를 일으키기를 꿈꿔본다.

지금 바로 쓰고 행동하는 **ON 미션**

주변에 작은 성공을 이룬 사람들이 있다면
명단을 적어보자.

그들은 어떻게 도전하고
성공했는지 그 내용들을 적어보자.

불치병 걸린 워킹맘, 회사를 그만두다

"언니 목에 이게 뭐야? 하얀 게 묻었는데!"

"그래? 진짜 목에 뭐가 있네. 잠깐만, 물로 지워볼게."

여동생이 내 목에 뭐가 묻은 것 같다고 말했다. 그래서 거울을 보니 진짜로 목에 하얀 얼룩이 있었다. 물과 비누로 닦아도 지워지지 않았다. 이상하다? 겨드랑이 안 쪽에도 이런 흰색 반점이 생긴 것 같은데…. 이게 뭐지? 한 개도 아니고 이렇게 두 개나 생긴 건 심상치 않은데? 걱정스러운 마음에 동네 피부과에 갔다. 피부과 선생님이 굳은 표정으로 '백반증'으로 의심되니, 대학 병원에 가보라고 말했다.

백반증에 대해 검색해보니 관련 내용이 나왔다. 심한 경우, 온

몸에 흰색 반점이 생기기도 한단다. 관련 사진들은 충격적이었다. 나도 저렇게 될 수도 있다는 거잖아? 정확한 원인을 알 수 없고, 치료법도 딱히 없는 불치병이라니…. 너무 막막해서 가만히 있는데도 눈물이 흘렀다. 한창 젊은 30대 여자에게 너무나 큰 시련으로 다가왔다. 흰색 반점이 얼굴에 생기는 최악의 상황이 될까 봐 두렵고 속상했다. 대학 병원에 갔지만 역시나 치료법이 없었다. 스테로이드 연고를 바르며 더 크게 번지지는 않는지 경과를 지켜보는 게 다였다. 어쩌다 이런 불치병에 걸렸을까? 이대로 있다가는 정말로 큰일 나겠다 싶었다. 지금까지의 삶을 돌아보고, 본질적인 해결 방법을 찾아야만 했다.

그때 당시, 워킹맘으로 부동산 공인중개사 사무소에서 중개보조원으로 일하고 있었다. 원래 나는 부동산 재테크로 자산을 불리는 것은 남의 이야기라고 생각했던 사람이다. 그런데 갑자기 서울의 집값이 폭등하면서 이대로 있다간 내 집 마련이 힘들겠다는 위기감을 느꼈다. 사업뿐만 아니라, 부동산 투자도 중요하다는 생각에 마음이 다급해졌다. 그래서 온라인 사업을 잠시 접고, 돈을 벌면서 부동산 공부를 할 수 있겠다는 생각으로 공인중개사에 취업했다.

아이를 키우면서 직장을 다닌다는 것이 이렇게 힘들 줄 몰랐다. 주 5일을 같은 시간에 출퇴근하고, 3주에 한번씩은 토요일에도 출근했다. 손님이 많을 때는 하루 종일 밖에서 부동산을 소개

해야 했고, 3시에 늦은 점심을 먹기도 했다. 아이가 아파서 휴가를 내는 것도 엄청 눈치가 보였다. 밤에도 고객의 문의 전화를 받고 소장님에게 보고했다. 내가 직접 운영하는 사업이 아니라서 자유롭지 못했다. 월급을 받는 한 회사가 정한 규칙에 따라야 했다. 일을 잘해서 소장님께 인정은 받았지만, 월급이 너무 적었다. 부동산 투자를 배우는 것도 한계가 있었다. 무엇보다 영업을 하며 감정 노동을 하다 보니, 날이 갈수록 스트레스가 심해져서 불면증으로 고생했다.

'이렇게 내 몸이 망가지는 줄도 모르고, 할일 감옥에 갇혀 살았구나. 내 노동력 대신 시스템으로 돈 버는 방법들을 제대로 찾아보자.'

그동안은 생각 없이 바쁘게 점만 찍으며 살았다. 이제는 단절된 그 수많은 점들을 선으로 연결해야 했다. 그것을 완전체로 만들어서 자동으로 돈을 버는 '수익 시스템'을 키우는 것이 간절해졌다. 그때부터 경제적 자유를 위해 좀 더 적극적으로 자기계발에 힘썼다. 그러면서 부자 마인드도 같이 연구했다. 그러다 30대 억만장자 엠제이 드마코가 쓴 『언스크립티드』를 읽게 됐다. 남들이 쓴 각본에서 탈출하라는 내용의 책이었다. 특히 '열받고 정신차려라!'라는 문구가 와 닿았다. 마치 백반증이 생긴 게 '몸에서 더 이상 그렇게 살지 말라고 신호를 보낸 것이 아닐까?'라는 생각이 들었다.

책을 읽으면서 퇴사를 고민하게 됐다. 그러던 중, 퇴사 결정에 불씨를 당기는 일이 생겼다. 내가 다니던 공인중개사 사무소에서 전담하는 우량 임대인 사장님이 부동산 재테크 책을 낸 것이다. 그때 깨달았다. 내가 가야 하는 방향은 책을 출간하고 투자하는 임대인이자 사업가라는 것을. 임대인과 임차인을 중개하는 직장은 나에게 맞지 않다는 사실을 말이다. 다시는 직원으로, 누군가의 회사에 들어가지 않으리라 결심했다. 그리고 처음이자 마지막이 된 워킹맘 직장 생활을 정리했다. 다행히 백반증은 더 이상 번지지 않았으며, 그 사건 덕분에 내가 쓴 책이 세상에 나올 수 있었다.

지금 바로 쓰고 행동하는 **ON 미션**

당신에게 인생의 터닝포인트가 있다면,
어떤 사건인지 적어보자.

자신의 근로 소득 외에
돈 버는 방법을 찾아서 적어보자.

인생 책을 돈으로 연결하는 노하우

"그거 알아? 나는 엄마가 뭘 좋아하는지 알고 있다는 걸."

"(웃음) 귀염둥이 우리 딸! 그게 뭔데?"

"그건 말이야. 책 읽는 거랑 커피를 좋아해! 맞죠?"

"딩동댕! 맞아요. 엄마 취향을 잘 아네."

일곱 살 딸아이가 알 정도로, 책 읽는 것을 참 좋아한다. 어려서부터 책 읽는 게 좋았다. 날이 어두워질 때까지 책을 하루 종일 읽다가 눈이 나빠져서 안경을 쓸 정도였다. 초등학생 때는 책을 많이 읽었다고 학교에서 다독상을 받은 적도 있다. 그런데 대학생이 되고 나서 차츰 책과 멀어졌다. 직장 생활을 하면서는 독서가 더 뜸해졌다. 그러다 결혼 후 아이를 키우면서 다시 책을 찾기 시작했다. 알고 있었던 것과는 너무 다른 새로운 육아 세계를 현실로 접하면서 그 어려움을 책을 통해 도움받았다. 그리고 부자 엄마가 되기로 결심하면서는 좀 더 적극적으로 책을 읽었다.

많은 책을 읽는 것도 좋지만, 개인적으로는 괜찮은 책을 선별해서 제대로 읽고 실행에 옮길 때 더 효과가 좋았다. 백 권의 독서 수량보다 인생을 바꾸는 단 한 권의 책을 읽은 후 삶에 적용할 수 있는지가 중요했다.

책 읽기에서 내가 강조하는 것은 자신의 인생 책이 있는가이다. 인생 책이란, 내 삶에 가장 많은 영향을 준 책을 말한다. 어떤 책을 읽었는데 가슴이 뛰고, 울림이 와서 인생의 터닝 포인트를 맞이했다면 그 책은 나의 인생 책이 된다. 아직까지 인생 책이 없다면, 좀 더 적극적으로 그것을 찾아야 한다. 나는 그런 인생 책들이 꽤 많다. 내가 추천하는 '인생 책 베스트 36'을 하나씩 읽어보고, 당신의 삶에도 좋은 변화가 생기길 바란다.

인생 책을 읽고 실천할 때 유의할 점은 절대로 한 번만 읽고 끝내선 안 된다는 것이다. 나는 인생 책들을 여러 번 반복해서 읽고 있다. 읽을 때마다 생각지도 못한 책 속의 보물들을 계속해서 발견한다. 핵심은 책에서 정답이 아닌 돈이 되는 힌트를 찾아야 한다는 것이다. "뭐야, 다 아는 거잖아. 이 책에도 정답은 없네."라며 자기 합리화를 하며 실행을 미루지 말자. 불만과 불평을 이야기할 시간에 돈으로 연결할 키워드를 하나라도 뽑아내서 작게라도 꾸준히 삶에 적용해보길 바란다.

요즘 잘 나가는 베스트셀러와 스테디셀러 책을 찾아서 읽어보는 것도 좋다. 많은 사람들이 읽었다는 것은 대중적으로 의미가 있다는 뜻이다. 그리고 멘토로 삼은 사람들이 추천하는 도서 목록도 체크해보면 좋다. 다만 책마다 난이도가 다르니, 처음엔 읽기 쉬운 책부터 읽어서 책 근육을 키워보자. 다음의 세 가지를 참고해 실천한다면, 책을 통해 많은 것을 얻을 수 있을 것이다.

첫째, 책 잘 읽고 실천하기

먼저, 책을 제대로 잘 읽어야 한다. 책을 읽을 때 진지하고 열정적인 태도를 가져라. 그리고 삶의 힌트가 담긴 문구에 밑줄을 그어라. 중요한 페이지는 귀접기 하면 나중에 다시 볼 때 좋다. 책의 인사이트를 어떻게 내 삶에 적용할지 스스로에게 질문하자. 그리고 미션을 정해 자신의 노트에 적어라. 그 다음, 책을 반복해서 읽고 실천하면 된다. 추가로 책을 읽고 실제로 진행 중인 과정들을 자신의 SNS에 꾸준히 기록하면 그야말로 금상첨화다.

둘째, 책 리뷰 찾아서 참고하기

나는 책 읽기를 할 때 SNS에서 다른 사람이 작성한 리뷰를 찾아서 읽는다. 보통은 책 제목을 검색해서 블로그와 인스타그램에 있는 리뷰를 두세 개 정도 읽는다. 가끔은 리뷰에서 생각지도 못

가이드 | 추천! 인생책 베스트 36

부자로 가는 길의 첫 단추를 열어주는 책

- 부의 추월차선 (엠제이 드마코 지음 | 신소영 옮김 | 토트)
- 언스크립티드 (엠제이 드마코 지음 | 안시열 옮김 | 토트)
- 백만장자 시크릿 (하브 에커 지음| 나선숙 옮김 | 알에이치코리아)
- 부자아빠 가난한 아빠 (로버트 기요사키 지음 | 안진환 옮김 | 민음인)
- 가장 빨리 부자 되는 법 (알렉스 베커 지음 | 오지연 옮김 | 유노북스)
- 백만장자 메신저 (브렌든 버처드 지음 | 위선주 옮김 | 리더스북)
- 레버리지 (롭 무어 지음 | 김유미 옮김 | 다산북스)
- 부자의 그릇 (이즈미 마사토 지음 | 김윤수 옮김 | 다산북스)
- 보도섀퍼의 돈 (보도 섀퍼 지음 | 이병서 옮김 | 에포케)
- 열두 살에 부자가 된 키라 (보도 섀퍼 지음 | 김준광 옮김 | 원유미 그림 | 을파소)
- 빅스텝 (박혜정 지음 | 포레스트북스)

부자 마인드를 만들어주는 책

- 3개의 소원 100일의 기적 (이시다 히사쓰구 지음 | 이수경 옮김 | 세개의소원)
- 더 해빙(The Having) (이서윤, 홍주연 지음 | 수오서재)
- 2억 빚을 진 내게 우주님이 가르쳐준 운이 풀리는 말버릇 (고이케 히로시 지음 | 이정환 옮김 | 나무생각)
- 돈의 신에게 사랑 받는 3줄의 마법 (후지모토 사키코 지음 | 정세영 옮김 | 앵글북스)
- 하느님과의 수다 (사토 미쓰로 지음 | 이윤경 옮김 | 인빅투스)
- 초집중의 힘 (박세니 지음 | 알에이치코리아)
- 더 플러스 (조성희 지음 | 유영)
- 나폴레온 힐 부자 수업 (나폴레온 힐 지음 | 고영훈 옮김 | 알에이치코리아)

자기 경영을 위한 책

- 파리에서 도시락을 파는 여자 (켈리 최 지음 | 다산 3.0)
- 돈의 속성 (김승호 지음 | 스노우폭스북스)
- 김미경의 리부트 (김미경 지음 | 웅진지식하우스)
- 나는 4시간만 일한다 (팀 페리스 지음 | 최원형, 윤동준 옮김 | 다른상상)
- 장사의 신 (우노 다카시 | 김문정 옮김 | 쌤앤파커스)
- N잡하는 허대리의 월급 독립 스쿨 (N잡하는 허대리 지음 | 토네이도)
- 킵고잉 (주언규 지음 | 21세기북스)

개인 브랜딩에 도움을 주는 책

- 브랜드가 되어간다는 것 (강민호 지음 | 턴어라운드)
- 마케팅 불변의 법칙 (알 리스, 잭 트라우트 지음 | 이수정 옮김 | 정지혜 감수 | 비즈니스맵)
- 마케팅이다 (세스 고딘 지음 | 김태훈 옮김 | 쌤앤파커스)
- 무기가 되는 스토리 (도널드 밀러 지음 | 이지연 옮김 | 윌북)
- 핑크 펭귄(Pink Penguin) (빌 비숍 지음 | 안진환 옮김 | 박재현 감수 | 스노우폭스북스)

살면서 꼭 한 번은 읽어야 하는 책

- 12가지 인생의 법칙 (조던 B. 피터슨 지음 | 강주헌 옮김 | 메이븐)
- 스틱 (칩 히스, 댄 히스 지음 | 안진환, 박슬라 옮김 | 엘도라도)
- 독서 천재가 된 홍 팀장 (강규형 지음 | 다산북스)
- 데일 카네기 인간관계론 (데일 카네기 지음 | 임상훈 옮김 | 현대지성)
- 트렌드 코리아 시리즈 (김난도 외 지음 | 미래의창)

한 힌트를 얻을 때도 있다. 그런 리뷰들은 개인 카톡에 따로 저장한다. 유튜브에서 책 리뷰 영상을 보는 것도 추천한다. 책 내용과 함께 유튜버의 경험담과 생각이 담긴 영상을 보면 좋다. 한 권의 책을 가지고 여러 사람들의 리뷰를 참고하다 보면 시야가 넓어진다.

셋째, 내가 직접 책 리뷰하기

직접 책 리뷰를 하는 것도 효과적이다. 자신의 블로그나 인스타그램 또는 유튜브에 책을 리뷰하고 꾸준히 공유해보자. 독서 모임에 참석해서 사람들과 함께 이야기를 나누는 것도 좋다. 사람들에게 책을 소개하면서 자신 스스로가 더 많이 배우게 된다. 나는 『부의 추월차선』을 읽고 깨달은 것을 삶에 적용하기 위해 블로그에 리뷰 글을 썼다. '나의 재능을 활용해 다른 사람들에게 도움이 되고 싶다는 생각으로 직접 모임을 주최했고, 사람들을 만나서 알려주자!'고 선포했다. 모임 날짜를 한 달 뒤로 정하고 나니 계획대로 움직일 수 있었다. 또한 SNS에 책 리뷰를 올리면 누군가는 포스팅을 확인하므로, 사람들에게 알리는 공개 선언 효과까지 있다. 책 리뷰를 온라인에 기록하는 과정은 곧, 인플루언서가 될 가능성을 높여준다. 결국 제일 큰 이득을 보는 것은 바로 자신이다. 내가 작성한 리뷰를 책의 저자가 보고 연결되어서 좋은 기회가 생길 때도 있다. 작가들 중에는 자신의 책에 대한 리뷰와 영상을 찾아보는 경우가 꽤 많다. 나라고 그런 일이 없겠는가? 그러니 자신의 SNS에 직접 책 리뷰를 올려보자.

한 가지 당부하고 싶은 것은 책을 참고하되, 너무 맹신하지는 말라는 거다. 책을 쓴 저자와 나는 다른 사람이다. 태어난 시대도, 환경도 다르다. 각자의 성향 역시 차이가 있다. 그러므로 책의 좋은 점만 골라서 삶에 적용하면 된다. 그리고 책을 쓴 저자를 직접 만나려고 시도해보자. 인터뷰 내용과 SNS를 살펴보면 저자와 만날 수 있는 정보들이 있을 것이다. 진정성을 갖고 적극적으로, 저자와 이야기 나눌 기회를 만들어보자. 그 과정에서 얻는 에너지와 인사이트는 정말 대단하다. 작가와의 만남에서 받는 영감은 스스로에게 큰 선물이 될 것이다.

나는 책에서 찾은 힌트를 마음에 새기고 또 새긴다. 그리고 그것을 반복해서 실행한다. 『파리에서 도시락을 파는 여자』의 저자 켈리 최 회장의 '기적은 행동하는 자에게 찾아온다.'라는 명언이 있다. 나는 이 말이 너무 좋아서 인생의 좌우명으로 삼았다. 그리고 기적을 꿈꾸며 계속 움직였다. 그랬더니 켈리 최 회장과 같은 무대에 서서 발표도 하고, 유튜브 영상도 함께 찍었다. 그리고 내 유튜브 채널을 구독하고 댓글까지 남겨줬다. 책을 통해 특별한 일이 진짜 생긴 것이다. 장담컨대, 책은 인생을 새롭게 바꾸는 힘이 있다.

지금 바로 쓰고 행동하는 **ON 미션**

당신의 인생 책은 무엇인가?
책의 저자는 누구인가?

인생 책에서 찾은 힌트를 활용해
바로 실천할 한 가지 계획을 적어보자.

부를 키워줄 인생 멘토를 찾아서

"내가 모임을 주최하려고 계획하고 있어. 초대 손님 형식으로 멘토를 초청해서 나랑 같이 강의 할거야. 첫 번째 모임은 언니랑 하고 싶어. 언니가 내 멘토라고 생각하거든."

"응, 너한테 도움된다면 기꺼이! 만나서 이야기해줘. 멘토라고 해줘서 고마워."

처음으로 강의를 주최했다. 든든한 멘토 언니가 옆에 있었기에 수월하게 시작할 수 있었다. 무엇부터 해야 할지 막막한 주부들에게 따뜻한 용기를 주고자 모임을 열었다. 주부도 무언가를 시작할 수 있다는 용기와 따뜻한 힘을 실어주고 싶었다. 나와 멘토 언니도 사실은 평범한 주부니까. 사람들에게 우리가 이룬 작은 성과들에 대한 노하우를 들려주기로 했다. 나는 '온라인 쇼핑몰 창업으로 돈 버는 방법'을 강의하고, 멘토 언니는 '부동산 투자 실전법'에 대해 강의했다. 우리가 했으니, 여러분도 가능하다는 메시지를 전했다. 해보겠다는 그 마음만으로도 이미 변화는 시작된 거라고 말이다.

배움에 있어 인생 책과 함께 추천하는 한 가지가 더 있다. 그건 바로, 인생 멘토를 찾는 것이다. 인생에 가장 큰 영향을 주는 사람은 부모이지만, 부모는 선택할 수 없다. 그러나 친구와 스승은 나의 노력으로 얼마든지 선택이 가능하다. 경제적 자유를 누리는 성공한 삶을 꿈꾼다면 목표 달성을 위해서 '환경 설정'을 해야 한다. 결심한 목표에 가까워지려면 주변 사람부터 살펴봐야 한다. 나에게 최고의 모습을 기대하는 사람들과 함께 하고 있는지 체크해보자.

부동산 공인중개사 사무소를 퇴사한 후 집중적으로 자수성가한 사람들의 책에 몰입해서 깊게 파고 들었다. 관련된 책을 연결해서 읽고 또 읽으며, 책을 리뷰한 블로그 글도 찾아서 유심히 읽었다. 그러다가 어떤 블로거가 눈에 들어왔다. 글을 읽다 보니 블로그 운영자는 나와 비슷한 부분이 많았다. 같은 주부였고, 일만 열심히 하다가 몸이 안 좋아졌다고 했다. 그래서 몸에 무리가 가지 않게 근로 소득을 대신할 수익 시스템을 키우고 있다고 말이다. 자신과 가족의 경제적 자유를 원하는 이 사람과 만나서 함께 이야기를 나누고 싶어졌다. 블로그에 "주변에 공통된 관심사를 갖고 있는 분들이 별로 없어서 고민하던 차에 용기를 내서 댓글을 남긴다."고 솔직하게 적었다. 고맙게도 답변이 달렸다. 진심은 통한다는 말이 이런 것일까? 심지어 살고 있는 지역도 옆 동네였다. 이렇게 가까운 곳에 멘토가 있었다니! 정말 놀라웠다. 우리는 그 다음날 만나서 오래 전부터 알고 지낸 사이처럼 편하게 대화를 나눴다.

이게 인연이 되어 5개월 후, '멘토위드미' 강의를 같이 진행했다. 그리고 지금도 좋은 관계를 이어가고 있다. 같은 사무실을 사용하며 룸메이트 CEO로 서로에게 도움을 주기도 한다. 멘토 언니의 조언으로 가끔씩 흔들리는 마음을 다잡을 수 있었다. 언니의 권유로 갤럽 강점 검사를 했기에 꿈에 확신을 갖게 됐다. 그리고 좋은 분들과 계속해서 연결됐다. 특별했던 켈리 최 회장과의 만남도 멘토 언니가 같이 특강에 가자고 얘기해줘서 이어진 것이다. 나 역시 멘토 언니에게 도움이 되길 바라며, 그녀의 밝은 미래를 진심으로 응원한다.

『가장 빨리 부자 되는 법』에서 '멘토'는 최대한 빨리 길을 닦고 최고의 위치에 오를 수 있는 치트키를 알고 있다고 한다. 멘토는 나보다 약간 위에 있는 사람을 찾아보는 것이 바람직하다고 한다. 그 이유는 나보다 약간 위에 있는 사람은 아주 최근까지 나와 같은 상황에 있어봤기 때문이다. 나도 이 말에 동의한다. 비교적

최근에 나와 같은 입장에 있어본 사람을 만나려는 노력이 필요하다. 동시에 크게 성공한 유명인들도 멘토로 삼으면 좋다. 멘토가 한 명일 필요는 없다. 내가 꿈꾸는 삶을 이미 살고 있는 유명 멘토와 그 꿈을 향해 가는 중인 친구 멘토 모두 소중하다.

100일간의 소원 노트를 쓰고 있을 때였다. 진짜 이루고 싶은 소원을 노트에 매일 쓰며 꿈에 가까워지고 있었다. 그러다 만나고 싶은 유명한 멘토들의 이름을 노트에 적어보자는 생각이 들었다. 관심 있게 읽은 책의 저자와 인기 유튜버 분들을 떠올리며 서른 명 정도를 노트에 썼다. 기회가 되면 유튜브에서 인터뷰도 하고 싶다고 글로 적었다. 그 이후, 놀랍게도 그분들을 실제로 만날 수 있었다.

멘토는 어려움이 생겼을 때 더 간절해지는 존재다. 도움이 필요할 때는 진심을 다해 도움을 요청해야 한다. 성공한 사람을 시기 질투하는 대신, 보고 배울 생각을 하자. 무언가 가치 있는 것을 지불할 마음으로 만남을 가져야 한다. 공짜로 무언가를 기대하는 사람들은 결국 삶에서 아무것도 얻지 못한다. 자신의 이익만을 추구한 만남은 그리 오래 가지 않는다. 멘토와 내가 같이 잘되면서, 세상을 이롭게 하는 상생 방법을 찾아야 한다. 내가 멘토에게 줄 것은 무엇이고 멘토에게 바라는 것은 무엇인지 간단히 정리해보자.

나의 경우, 이메일과 프로젝트 지원을 통해 인지도 있는 멘토들을 만날 수 있었다. 비용을 내서 강의를 듣거나, 컨설팅을 받기도 했다. 물론 인지도가 높은 유명인을 멘토로 삼는 것이 상대적으로 기회가 적고, 어렵게 느껴질 수도 있다. 그럴 땐 독서 모임이나 스터디를 통해 친구 같은 멘토를 먼저 만드는 것이 좋다. 또는 직접 모임이나 컨설팅, 코칭 등을 주최해서 나와 뜻이 맞는 사람들이 찾아올 수 있게 하는 방법도 있다. 그렇게 해서 나는 5개 국어를 하는 강사님을 비롯해 성형외과 원장님이자 북카페 대표, 세무사, 부동산 투자자와 기업가 등 다방면에서 부를 키우고 있는 분들과 좋은 인맥을 쌓을 수 있었다.

이 글을 읽고 있는 당신도 부를 키워줄 인생 멘토를 찾아서 좋은 인연을 맺길 바란다. 나와 가장 많은 시간을 보내는 여섯 명의 합은 나의 미래라는 말이 있다. 그들의 가치관과 자산을 한번 살펴보자. 그 중 얼마나 많은 사람이 성공했는지, 비전과 부에 대한 공감대가 잘 형성되어 있는지를 여러모로 깊이 살펴볼 필요가 있다. 이 여섯 명 안에 나의 꿈을 진심으로 응원해주는 지인들과 멘토들이 있으면 좋다. 자주 보는 여섯 명의 평균이 곧, '나'라는 사실을 잊지 말자. 그들은 든든한 지원군이자 영감의 원천이 되어 지금의 삶을 의미 있고, 풍요롭게 해줄 것이다.

지금 바로 쓰고 행동하는 **ON 미션**

인생 멘토로 삼고 싶은 사람
여섯 명은 누구인가?

멘토 여섯 명을 만나기 위한
구체적인 계획을 적어보자.

나는 커서 엄마가 될 거예요

“너는 커서 어떤 사람이 되고 싶니? 나랑 같이 미래의 모습을 그려보자!”

“나는 커서 엄마가 될 거예요.”

“우리 혜민이는 커서 예쁜 엄마가 되고 싶대요. 혜민이가 그린 엄마의 모습이에요.”

어린이집에서 딸의 생일을 축하하는 팜플렛을 보내줬다. 그곳에는 우리 딸의 미래 모습이 그려져 있었다. 그것은 바로 엄마였다. 고사리 같은 손으로 딸아이가 그린 엄마는 높이 날아오르고 있었다. 순간 울컥한 마음에 눈물이 맺혔다. ‘내가 우리 딸의 미래구나.’라는 생각이 들었다. 나를 닮고 싶다는 것에 감사하면서도 한편으로는 머리가 복잡했다. 드라마 〈미생〉에서 주인공이 한 말이 생각났다.

“잊지 말자. 나는 어머니의 자부심이다. 모자라고 부족한 자식이 아니다.”

내가 결혼하고, 아이를 낳으니 이제는 딸에게 자랑스러운 엄마가 되고 싶은 마음이 컸다.

“잊지 말자. 나는 우리 아이의 미래이다. 모자라고 부족한 엄마가 아니다. 부자로 행복하게 사는 예쁜 엄마다.”

내가 부자가 되고 싶은 이유는, 무엇보다 사랑하는 가족과 행복하게 살고 싶은 마음 때문이다. 일곱 살 된 우리 딸의 꿈은 커서 ‘엄마’가 되는 것이다. 그렇기 때문에 더욱 더 부자가 되는 모습을 아이에게 보여주고 싶었다. 내가 한 것처럼 딸도 나중에 커서 부자 엄마가 되도록 말이다. 그래서 부자가 되는 습관을 아이와 함께 키우려고 계속 노력하고 있다. 부모의 평상시 습관은 자녀에게도 큰 영향을 준다. 아이는 부모의 등을 보고 자란다는 말이 있듯이, 돈에 대한 태도 역시 부모를 닮는다. 그래서 돈에 대한 관심을 어려서부터 심어주는 가정 교육이 정말 중요하다.

우리 아이에게 가르쳐주고 싶은 것은 두 가지가 있다. 그것은 바로, 경제 감각과 영어 회화 능력이다. 다행히 영어와 관련된 좋은 교육 프로그램들이 시중에 이미 많아서, 기존 교육 프로그램들로 커버가 가능하다. 그러나 아이를 위한 ‘경제’ 관련 교육 인프라는 많이 부족하다. 영어 유치원은 있어도 경제 유치원은 아직 없다. 결국, 경제 공부는 집에서 직접 엄마와 아빠가 지속적으로 알려줘야 한다.

"넌 어리니까 몰라도 돼."라거나 "엄마가 알아서 다 해줄게."라고 말하면 안 된다. 아이를 온실 속의 화초처럼 키우면 경제 면역력이 약해진다. 세상이 어떻게 돌아가고 있는지, 아이의 나이에 맞춰 쉽게 설명해줘야 한다. 돈을 벌고 모았을 때 생기는 장점들을 체험시켜주는 것이 중요하다. 아이에게 물고기를 줘야 하지만, 동시에 물고기를 잡는 법도 알려주는 부모가 되려고 신경을 써야 한다. 자본주의 시대에서 경제적 자립심이 강한 아이는 미래가 밝기 때문이다.

나는 무엇보다 아이에게 부자 마인드를 심어주려고 한다. 아이가 꿈꾸는 모든 것에 긍정적으로 호응하고, 응원한다. 무조건 "안돼!"라고 말하지 않으려고 애쓴다. 부정적인 차단은 아이의 호기심과 의욕을 상실하게 만들기 때문이다. 너무 위험하거나 남에게 피해를 주는 것이 아니라면 원하는 것을 할 수 있도록 돕는다. 이때, 부자의 관점에서 바라볼 수 있도록 질문을 던진다. "그래, 우리 딸이 그걸 하고 싶구나! 어떻게 하면 가능할까? 우리 딸은 꿈이 많아서 좋겠네! 소원이 꼭 이루어질 거야."라고 말이다. 우선은 공감하고, 잠재력을 키우는 질문들을 한다. 그래야 아이가 자신감을 갖고, 돈을 버는 다양한 경험들을 쉽게 도전할 수 있다.

첫째, 생산자 경험-소비자에서 생산자로 관점 바꾸기

모든 것에서 즉각적인 만족이 요구되는 오늘날, 우리는 아이들에게 목표 달성으로 얻는 성공의 행복감을 느끼게 해줄 필요가 있다. 〈겨울왕국〉을 본 딸이 엘사 옷을 사달라고 했다. 보통 부모들은 아이가 원하는 것을 사주지 않으려고 이렇게 대답할 것이다. "안돼, 지금은 사줄 수 없어." 하지만 나는 부자 습관을 키우기 위한 노력으로 이렇게 말한다. "엘사 옷이 갖고 싶구나? 그것을 위해서는 돈이 필요해. 우리 딸이 어떻게 하면 좋을까?" 그 다음, 돈을 버는 생산자의 입장에서 딸과 함께 고민하며 다양한 방법들을 찾아본다.

보통은 아이가 갖고 싶어하는 물건의 사진을 찍어서 그림을 그리거나 클레이로 모양을 만들어보라고 제안한다. 생산자로써 간접 경험을 해볼 수 있게 하기 위함이다. 그리고 '우리도 충분히 생산자가 될 수 있음'을 얘기해준다. 그 다음, 또 다르게 돈 버는 아이디어가 있는지 딸에게 의견을 물어본다. 그리고 가족들을 초대해 아이의 기타 연주로 공연비를 받거나, 아이가 그린 그림을 가족에게 판매하기도 한다. 이렇게 번 돈으로 엘사 옷을 샀을 때의 기쁨을 알려준다. 동시에 돈 버는 것 자체에서 오는 보람과 즐거움을 함께 느끼게 해주려고 노력한다.

둘째, 저축 경험-스티커 100개 모으기

딸에게 칭찬 스티커 100개를 모으면 원하는 것을 사준다. 칭찬 스티커 판을 거실의 잘 보이는 곳에 붙여놓고, 하루에 칭찬 스티커를 최대 세 개 붙이는 조건으로 혼자 밥 먹고, 잘 씻고, 집안일을 도와주도록 유도하고 있다. 빠르면 아이가 두 달 후에 목표를 달성해 원하는 것을 갖게 되는 성취감과 함께 끈기를 키워주는 장점이 있다. 마치 비전보드와 같은 효과가 있어서 이것을 애용한다. 최근에 우리 딸은 스티커 100개를 모아서 '솜사탕 만드는 기계'를 받았다. 그때 딸아이의 기뻐하는 표정은 말로 표현할 수가 없었다. 원하는 목표를 위해 꾸준히 실천해 결과물을 얻는 과정은 정말 중요한 경험이다.

셋째, 투자 경험 - 모노폴리 보드게임 하기

『부자 아빠 가난한 아빠』에 나오는 '모노폴리 보드게임'으로 딸과 함께 놀아 준다. 처음에는 난이도가 낮은 '모노폴리 주니어'부터 시작했다. 이 게임은 부동산을 사서 모은 후, 네 개의 집을 한 개의 호텔로 바꿔 가격을 올리는 교환의 가치를 알려준다. 주사위를 던져 칸을 이동하면서 돈을 주고받기 때문에 숫자의 개념을 익히는 데 도움이 된다. 땅과 건물을 투자해 월세를 받는 기쁨을 간접 경험할 수 있어서 재테크 관점에서도 좋다.

기본적인 인성과 예절뿐만 아니라 경제적인 태도를 부자처럼 바꾸는 데도 부모의 역할은 매우 중요하다. 평상시 어떤 가치관을 갖고 생활 습관을 만드냐에 따라서 아이는 '나는 할 수 없어요.'라고 말하는 대신에 '내가 어떻게 하면 그것을 할 수 있을까요?'라고 말하게 된다. 아이가 완벽하지 않아도 무언가에 도전해 볼 수 있는 용기를 심어주는 게 중요하다. '마음만 먹으면, 뭐든지 할 수 있다.'는 긍정적인 자세를 갖도록 말이다. 이렇게 하면, 가정 교육만으로도 아이의 도전 정신과 끈기, 성취감, 부자 마인드의 단단한 기초를 키워줄 수 있다.

사실, 아이를 부자로 키우는 가장 좋은 방법은 부모가 직접 부자가 되는 모습을 보여주는 것이다. 아이가 부자가 되길 원한다면, 부모인 나부터 먼저 변하는 게 맞다. 그래서 나는 아이와 나를 위해 '부자 엄마'가 되기로 마음을 강하게 먹었다. 꿈과 부에 집중해 그것을 이루는 행복한 엄마의 모습을 몸소 증명해 보이는 사명감이 생긴 것이다. 나중에 아이가 커서 진짜 나와 같은 엄마가 될 모습을 떠올리며…. 아이의 미래를 지금, 내가 살고 있다.

지금 바로 쓰고 행동하는 **ON 미션**

부모로써 우리 아이가 어떤 삶을
살길 바라는지 적어보자.

당신은 아이가 꿈꾸는 미래의 모습으로
지금을 살고 있는가?

엄마의 부자 ON 로드맵

5단계 플랜

"저의 비전보드입니다. 비전보드를 만들면서 계속 확신하고, 다짐하고, 맘 잡아봅니다."

"네~ 좋아요! 꼭 이룰 수 있어요."

"감사합니다. 몇 번 수정했네요. 비전보드를 만들면서 '이건 너무 터무니 없어….'라고 생각했던 부정적인 마음에서 지금은 '꼭 해낼 거야!'라는 긍정적인 마음으로 바뀌었어요."

렘군 님이 운영하는 '푸릉푸릉 스터디' 길잡이를 할 때의 일이다. 멤버들에게 자신의 비전보드를 만든 후, 각자 발표할 수 있도록 미션을 줬다. 'SNS로 인플루언서 되기!'라는 주제로 4개월간 스터디를 진행했는데, 이때 단순히 SNS로 인플루언서가 되는 방법만을 공부하진 않았다. 사람들에게 자신의 꿈을 먼저 정하고, 그것과 관련해서 돈을 버는 방법을 알려주고 싶었다. 멤버들이 서로의 꿈을 응원하며 자신의 비전에 점점 확신을 갖는 모습을 보니 기분이 좋았다.

당신의 미래는 가난한가? 아니면 부유한 삶을 살고 있는가? 부의 미래는 오직 자신만이 선택하고, 주도할 수 있다고 강한 확신을 가져보자.

남이 아무리 백만장자 또는 억만장자라고 해도 나에게 이득이 되지 않으면 아무 소용이 없다. 부유한 미래는 나만이 결정할 수 있다. 책에 있는 ON 미션 질문들을 진지하게 고민해보고, 생각을 정리해서 실제로 적어봤는가? 지금부터는 본격적으로 '엄마의 부자 ON 로드맵'을 그려볼 차례다. 엄마의 부자 ON 로드맵을 미리 작성해두면, 두려움을 이겨내고 앞으로 나아가는 데 큰 도움이 될 것이다. ON 로드맵을 통해 '나도 할 수 있다!'는 확신을 가져보자.

엄마의 '부자 ON 로드맵 플랜'은 '비전보드 이미지 만들기, 내 꿈의 실제 비용 계산하기, 큰 목표를 작게 나누기, 돈 되는 나의 강점 리스트업하기, 육아와 일의 밸런스를 위한 시간 관리' 이렇게 총 5단계를 거친다. 부의 로드맵을 갖고 움직이면, 좀 더 빠르게 경제적 자유를 달성할 수 있을 것이다. 그만큼 자신만의 부자 지도를 갖고 있는지가 중요하다.

가이드 | 엄마의 부자 ON 로드맵 5단계 플랜

1단계: 비전보드 이미지 만들기(Vision Board)

평생 꿈꿔온 갖고 싶고, 경험하고 싶은 것들을 구체적인 이미지로 나열해 전시하는 과정

2단계: 내 꿈의 실제 비용 계산하기(Dream Costs)

비전보드에 있는 이미지의 실제 비용을 알아보고 계산해서 꿈의 값어치를 도출하는 과정

3단계: 큰 목표를 작게 나누기(Divison Goal)

비전보드를 현실화 하기 위해 큰 목표를 정한 후, 작은 단위로 계획을 세분화 하는 과정

4단계: 돈 되는 강점 나의 리스트업하기(Money Strength)

목표를 이루기 위해, 자신의 돈 되는 강점들을 뽑아서 리스트업하고 현실적인 활용성을 찾는 과정

5단계: 육아와 일의 밸런스를 위한 시간 관리(Balance Time)

육아와 병행하며, 강점을 활용한 일을 진행하기 위해 각각의 몰입 시간을 균형 있게 관리하는 과정

우리는 여행을 가기 전에 목적지와 최단 경로를 확인하고, 위험하거나 조심해야 하는 곳을 피할 수 있도록 미리 대비해야 한다. 무작정 길을 나선다면 시간과 에너지, 비용을 크게 낭비할 수 있다. 심지어 목적 없이 표류하다가 인생을 허무하게 마칠 수도 있다. 목적지에 대한 분명하고 강한 바람이 있다면, 지나가는 길

에 만나는 걸림돌이 있다고 한들 크게 문제가 되진 않는다. 비가 오거나 눈이 와도 상황에 맞춰 유연하게 행동하면 되는 것이다.

더 나아가 방황하고 주저하는 다른 사람들의 어려움을 다독이고 해결하며 함께 목적지로 향할 수도 있다. 도움이 필요한 많은 이들에게 선한 영향력을 나눌 경우, 이것은 더 큰 이득으로 나에게 다시 돌아온다. 어떻게 하면 좋은 삶을 살 수 있을까? 물론 다양한 삶이 존재하지만, 그 중에서도 나는 '행복한 부자'로 상생하며 살고 싶은 마음이 크다.

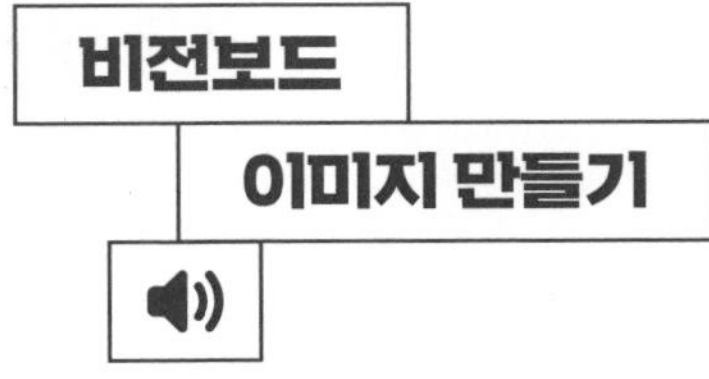

엄마의 부자 ON 로드맵의 첫 번째 단계는 비전보드 이미지를 만드는 과정이다. 비전보드는 내가 원하는 미래를 생생하게 그려보고, 목표를 상기시킬 수 있다는 점에서 제일 먼저 완성하기를 추천한다. 이미지를 자주 보면서 목표 의식을 강화하려는 노력이 중요하다. 솔직히 고백하자면, 나도 인생을 산지 30년이 넘어서야 처음으로 비전보드를 만들었다. 지난 3년간 꾸준히 비전보드를 시각화해보니, 놀랍게도 성장에 가속도가 붙으면서 좋은 경험들이 쌓였다. 비전보드의 놀라운 효과를 느껴보고 싶다면 지금 바로 만들어보길 바란다. 단, 이미지를 찾을 때 체크해야 하는 부분이 있다.

'비전보드에 있는 이미지를 보면 편안하고 기분이 좋은가?'에 대한 것이다.

비전보드를 만들 때 중요한 것은 자신이 좋은 기분을 느끼는 상태에서 목표나 꿈을 바라보고, 행동하는 것이다. 기분이 좋을 때 비로소, 자신이 바라는 모든 것과 조화를 이룰 수 있다. 비전보드에 넣을 이미지는 자신에게 좀 더 긍정적이고, 편안한 느낌을 주는 것들을 위주로 선별하는 작업이 필요하다. '풍요'를 끌어당기고, 그것이 나를 찾아오게 하기 위해서는 자신이 이미 풍요롭다고 느낄 수 있어야 한다. 이 감정의 진동 조절은 어렵기 때문에 일치된 주파수를 맞추려는 마음 가짐이 필요하다.

과거에 나는 불만이 많았다. '이렇게 열심히 사는데, 왜 나만 안되지?'라는 부정적인 태도로 상황을 바라보며 움직였다. 지금도 가끔씩 부정적인 감정이 올라올 때가 있지만, 그것을 알아차리고 긍정적인 부분을 찾아 마음가짐을 바꾸려고 노력한다. 생각을 긍정적으로 바꾸니, 예전과 같은 상황이 와도 과거와 다르게 보이기 시작했다. 그것은 나에게 큰 깨달음을 주었다.

'나는 돈이 많이 들어오는 일을 한다. 나는 부자가 되는 중이다.'라고 기분 좋게 생각하며 '감사합니다.'라는 말을 반복했다. 이 말을 하면 할수록, 실제로 감사한 일들이 계속 일어나고 있다. '제가 운이 좋아요.'라고 하면서 많은 시도를 하다 보니 정말로 운 좋은 일들이 생겼다. 끌어당김의 법칙을 삶에 적용하면 할 수록 신기하게도 더 좋은 것들이 삶에 들어왔다.

이렇듯 감사한 마음이 충만한 상태를 계속 유지하게 되면 스스로 좋은 에너지가 생긴다. 그 좋은 에너지를 활용해 기분 좋은 상태에서 '이미지 찾기'를 하면 된다. 네이버나 구글 같은 포털 사이트에서 자신이 갖고 싶고, 중요시 여기며, 경험하고 싶은 키워드를 검색하고, 맘에 드는 이미지를 찾는다. 예를 들면, [해외에서 한 달 살기]라고 검색했을 때 기분을 좋게 만드는 이미지가 보일 것이다. 나의 경우는 바닷가에서 어린 딸과 엄마와 아빠가 손을 잡고 걷고 있는 사진을 골랐다.

사진을 캡처하거나 다른 이름으로 저장해서 이미지를 다운받는다. 이런 식으로 보기 좋으면서 편안한 이미지들을 우선순위로 수집한다. 그 다음 그림판이나 포토샵, 파워포인트 등의 프로그램을 열어서 A4 용지 사이즈를 기준으로 갖고 있는 사진들을 보기 좋게 나열해서 한곳에 모아둔다. 마지막으로 그 이미지 파일을 저장해서 인쇄하고, 자주 볼 수 있게 주변 곳곳에 전시해놓는다. 거실이나 침실의 잘 보이는 벽면도 좋고, 핸드폰이나 컴퓨터 바탕화면으로 설정해도 좋다. 그것을 계속 보면서, 자신이 이루고 싶은 꿈을 선명한 이미지로 시각화하는 연습을 하자.

만약에 컴퓨터 사용이 어렵다면, 본인이 갖고 있는 잡지나 신문에서 이미지를 자른 후, 보드판에 붙여 비전보드를 만들어도 좋다. 비전보드의 '완성' 자체에 초점을 맞추자. 일단 완성한 후에 수정하거나 보완하면 된다. 이렇게 원하는 것을 이미지화 해서 비전보드를 만들다 보면, 자연스럽게 내가 원하던 라이프스타일이 그려진다. 그리고 세상을 보는 시야도 분명해지고 넓어진다. 이를 통해 내가 꿈꾸던 삶을 한눈에 보게 된다. 비전보드를 보면서 '생각보다 화려한 것을 좋아하네?' 아니면 '생각보다 자연 친화적인 것을 원하네?' 등으로 자신의 꿈을 좀 더 객관적으로 확인할 수 있다.

또한, 꿈과 목표를 시각적으로 자주 보는 과정을 통해 자신의 잠재의식을 비전보드의 방향으로 맞추게 된다. 이것은 스스로를 긍정적으로 원하는 것을 향해 움직일 수 있게 하는 중요한 역할을 한다. 비전이 있는 사람은 명확한 초점을 갖게 되고, 부정적인 감정은 바로 털어낼 수 있게 된다. 그리고 그로 인해 좋은 일이 생기는 행운의 흐름을 탈 수 있다. 비전을 통해 스스로에게 방향성을 제시하다 보면 엄청난 힘도 함께 발산된다. 이것은 리더십을 발휘해 많은 사람들을 이끌 수 있는 영향력을 키워준다. 분야와 상관없이 자수성가한 부자들은 자신이 될 수 있는 최고의 모습을 늘 상상한다. 그 상상은 곧 현실이 되어 엄청난 부를 끌어당긴다. 그러니 성공에 대한 확신을 갖고, 진지한 태도로 임해보자. 지금 이 순간이 가장 빠른 시작이다.

그리고 모든 비전의 문장은 이미 이뤄진 것처럼 '현재 완료형'으로 숫자를 넣어서 정확하게 작성하면 좋다. 현재 눈에 보이는 것은 내가 그렇게 보기 때문에 그런 모습으로 존재하는 것이다.

미래에 모든 것을 이룬 '나'를 '마치 현실처럼' 구체적으로 이미지화 해보자. 상상했던 것이 현실로 이뤄지는 순간을 당신도 경험할 수 있을 것이다. 나의 경우, 현실에서 이루어진다고 상상하며 행동하니 효과가 좋았다. 중요한 건 '되어간다.'고 생각하는 것임을 명심하자.

지금 바로 쓰고 행동하는 **ON 미션**

당신이 되고 싶고, 하고 싶고,
갖고 싶은 것은 무엇인가?

비전보드 이미지를 찾기 위해,
검색할 키워드 다섯 가지를 적어보자.

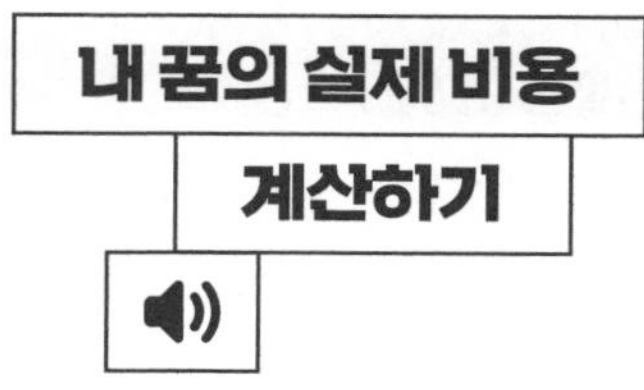

비전보드를 완성한 후 잊지 말아야 하는 부분이 있다. 바로 꿈의 실제 비용을 계산하는 단계이다. 생각보다 많은 사람들이 꿈의 실제 비용 계산을 빼먹는다. 막연했던 꿈의 비용이 얼마인지를 정확하게 아는 것은 매우 중요하다. 비용을 정확하게 수치화하면 달성할 목표가 더 뚜렷해져서 실현 가능성을 높인다. 여기에 꿈을 이루기 위해 어떤 절차를 거쳐야 하는지도 같이 알아보면 좋다. 이미 내가 원하는 것을 갖고 있거나, 경험한 사람들을 찾아보자. 어떻게 그것을 갖게 되었는지 자세히 조사하면 된다. 그 과정에서 꿈을 이루는 중요한 단서를 발견할 수 있을 것이다.

『부의 추월차선』의 저자 엠제이 드마코는 어려서부터 '람보르기니'를 갖는 것이 꿈이었다. (참고로, 람보르기니는 최소 2억 중반대의 가격부터 시작하는 실제로 아주 비싼 고가의 자동차이다.) 그러다 우연히 람보르기니를 소유한 차 주인을 만났는데, 그의 직업이 발명가라는 사실을 알게 됐다. 엠제이 드마코는 그 힌트를 활용해 발명가이자 사업가로 크게 성공한다. 그리고 마침내 꿈에 그리던 드림카 람보르기니를 소유하게 된다.

선택은 결국 자신의 몫이다. 정말로 내가 원하는 것이 비싼 것이라면 자신의 돈 버는 수단을 확장해야 한다. 또는 자신이 원하는 것의 비용을 알아보니 생각보다 비싸다면 '그냥 포기할까?'라고 고민할 수도 있다. 그럴 땐 비전보드와 관련된 정보를 찾아서 비교한 후 더 큰돈을 벌어 자산 규모를 키울지, 아니면 원하는 것을 포기하거나 축소할지를 결정하자.

나도 비전보드의 실제 비용을 자세히 계산해봤다. 그러다 재미있는 점을 발견했다. 꿈을 이루기 위해서는 돈이 들기도 하지만, 꿈을 이룬 후 훨씬 더 많은 수입이 생기기도 한다는 것이다.

나의 비전보드에는 유튜브 골드 버튼을 가지고, 수백 명의 관중 앞에서 강의하는 이미지가 있다. 이것을 이루기 위해서는 많은 노력이 필요하다. 하지만 꿈을 이뤘을 경우, 버는 돈의 액수는 엄청나다. 유튜브 골드 버튼은 유튜브 구독자가 100만 명이 되면 받을 수 있다. 100만 구독자를 가진 유튜버의 한 달 평균 수입은 3,000만 원 정도라고 한다. 여기에 한번씩 500명 정도를 대상으로 강의를 진행할 경우, 1인당 수강료를 5만 원으로 책정해도

2,500만 원의 수입이 발생한다. 이렇게 자신의 꿈을 상상하며, 꿈의 실제 비용과 추가 수입을 계산해보는 것은 목표 달성에 대한 의욕을 높여준다.

꿈을 이뤘을 때 추가로 수입이 또 생긴다는 건 즐거운 일이다. 물론, 이런 결과를 얻는 과정이 쉽진 않지만 도전할 만한 가치가 있다. 여기에서 강조하고 싶은 것은, 나의 비전보드에서 무엇을 먼저 이뤄야 투자 대비 더 크게 부를 쌓을 수 있는지 체크하는 것이다. 반대로, 계속 갖고 있으면 가치가 점점 떨어지는 것이 무엇인지도 확인해보자. 참고로 사치품 같은 소비재(일상생활에서 직접 소비하는 재화)는 시간이 지날수록 값어치가 떨어진다. 당신의 비전보드에는 소비재보다 높은 수익률로 큰돈을 끌어당기는 꿈들이 많기를 바란다.

스스로 원하는 꿈을 성취하기 위해 실제로 얼마만큼의 비용이 드는지 상세히 알아보자. 꿈을 이루려면, 많은 돈이 든다는 사실을 제대로 인지할 필요가 있다. 또한 꿈을 이룬 후에 더 큰돈을 벌 수 있다는 점도 기억하길 바란다. 이렇게 꿈의 비용을 계산해보면, 현실에 적용할 만한 부분들이 보일 것이다. 우리는 누구나 부자가 될 잠재력을 갖고 있다.

지금 바로 쓰고 행동하는 **ON 미션**

자신의 비전보드에 있는
꿈의 실제 비용을 모두 계산해보자.

비전보드를 통해 꿈을 이룰 경우,
추가로 생기는 수익에 대해 적어보자.

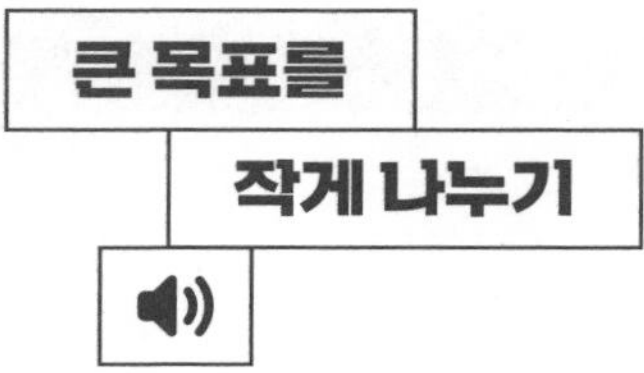

원하는 삶에 대한 비전보드를 만들고, 그 꿈을 이루는 데 필요한 실제 비용까지 계산해봤는가? 그렇다면 이제부터는 돈을 벌기 위한 현실적인 계획을 세워야 한다. 지금 당장 내가 할 수 있는 돈 버는 방법들을 찾아서 하나씩 실험을 해보자.

온라인 쇼핑몰 창업으로 1,000만 원을 번다고 목표를 잡았다고 치자. 온라인에서 쇼핑몰을 운영할 때 어떤 제품을 얼마에, 누구에게 판매할지 정해야 한다. 우리가 판매하는 제품의 순이익이 1만 원 남는다고 해보자. 우선 1,000만 원을 벌기 위해서는 해당 제품을 1,000개 팔아야 한다. 이것을 세 달 목표로 계산하면 한 달에 335개, 하루 평균 12개를 팔면 된다. 이렇게 목표를 잘게 쪼개 놓으면 실행이 한결 쉬워진다.

하루에 제품 12개를 팔아보는 건 해볼 만하지 않을까?

자수성가형 부자들은 무언가를 실행하기 전에 가장 먼저 큰 목표를 세운다고 한다. 그 다음, 그것을 달성하기 위한 작은 목표들을 여러 가지로 나눈다. 그리고 단계별로 실천할 수 있도록 목표를 좀 더 세분화한다. 이렇게 잘게 나눠진 목표는 바로 실행하는 것이 훨씬 수월해진다. 스테이크를 한번에 통으로 먹는 사람은 없다. 한입에 쏙 들어갈 정도로 작게 잘라서 하나씩 먹어야 한다. 목표도 마찬가지다. 지금 당장 할 수 있을 정도의 작은 것으로 목표를 나누면, 충분히 그것을 소화할 수 있다. 큰 목표를 이루기 위해서는 좀 더 단기적으로 목표를 쪼개고, 지금 당장 어떤 일부터 시작해야 하는지 구체화시키는 과정이 필요하다.

5년 안에 이룰 목표들을 연도별로 나누는 작업은 일의 우선순위를 정하는 데 있어 중요하다. 매일 하는 그 일이 과연 내 비전에 맞춰 진행되는 것들인지, 바쁘게 돌아가는 하루 일과를 살펴보자. 그저 쳇바퀴 돌아가듯 의미 없이 같은 자리만 돌고 있는 건 아닌지 생각해봐야 한다. 급한 일을 처리 하느라 중요한 비전을 놓치고 있는 건 아닌지 말이다. 빛나는 미래를 위한 중요한 일들이 일정에 우선적으로 배치되었는지 살펴보자.

성공한 사업가인 김승호 회장은 '목표를 어떻게 이룰 것인가?'에 대한 고민은 그 목표를 이룰 수 있다고 믿는 사람에게서 나타난다고 얘기했다. 목표를 정하면 주저하지 않고 차근차근 전력을 다하는 것 외엔 다른 방법이 없다. 그러니 꿈이 생겼다면 종이에 적어야 한다. 꿈을 종이에 적으면 목표가 되고, 그것을 자르면 계획이 되고, 계획을 실천하면 현실이 된다. 목표를 작게 조각내어 매번 성공하면 그것이 버릇이 되고, 어느새 큰 성공을 이루고 있을 것이다. 나 역시, 큰 계획들을 작게 잘라서 하나씩 실천하고 있다.

나는 '직접 쓴 책을 베스트셀러로 만든다.'는 목표를 갖고 있다. 이 큰 목표를 어떻게 하면 이룰 수 있을지에 대해 진지하게 고민했고, 목표를 좀 더 세분화하여 작게 자르는 과정을 거쳤다. 가장 먼저 교보문고, 예스24, 알라딘 등의 온라인 서점 사이트에 가서 베스트셀러 목록을 뽑았다. 그리고 베스트셀러를 낸 출판사들을 엑셀로 정리했다. 그 다음, 검색창에 [국내 출판사 순위]를 조사해 정보를 엑셀에 반영했다. 내가 쓰는 책의 분야에서 좋은 성적을 내는 출판사도 같이 체크해 총 서른 곳 정도의 출판사 리스트를 추렸다. 해당 출판사들의 투고 방법은 각 홈페이지를 찾아서 정리했다. 그리고 출간 계획서와 샘플 원고를 작성해 출판사에 보냈다. 이런 식으로 하나씩 꿈을 이루기 위해 순차적으로 진행했다. 여기에 '나는 성공할 잠재력이 있고, 최고의 출판사에서 베스트셀러 책을 낸다.'는 믿음을 가졌다. 만약에 안 될 경우, 내용을 좀 더 수정 보완해서 쉰 곳의 출판사에 추가로 출간 계획서를 다시 보낸다는 플랜B도 정했다. 이런 마음으로 실천에 옮기니, 행운이 따랐던 것 같다.

물론, 목표를 이루는 과정에서 언제나 성공만 할 수는 없다. 처음 시작하는 사람이 실패를 경험하는 것은 어찌 보면 당연한 일이다. 이때, 자존감이 떨어지지 않도록 긍정적인 자세를 유지하는 것이 중요하다. 자신을 100% 믿고, 스스로를 사랑하고 아껴줘야 한다. 몇 번 실패했다고 바로 포기하면 안 된다. 아이를 키워본 엄마라면 알 것이다. 아이들은 실패가 '실패'인지도 모르고 계속 시도한다. 실패는 그냥 성공을 위한 과정일 뿐이다.

실패는 언제나 쓰다. 하지만 보약이 될 수 있다. 당장은 힘들어도, 계속 흡수하다 보면 성공을 튼튼하게 만들어주는 역할을 한다. 그렇게 쌓인 경험치와 내공은 엄청난 가치가 있다.

대부분의 부자들이 많은 실패와 시행착오를 경험했다. 단지 보통 사람들과 다르게 끝까지 이겨내고, 보완해서 엄청 큰 성공을 한 번 이상 했을 뿐이다. 그러니 스스로가 다소 부족하다 느껴도 자신을 자책하기보다는 오늘도 수고했다고, 꾸준히 노력하고 있으니 힘내라고 다독여주길 바란다. 내가 먼저 내 편이 되어주자. 남과 비교하는 마음이 들었다면, 질투를 멈추고 자신의 성장 과정에 집중하길 바란다. 다른 사람의 인생이 아닌, 나의 하루를 살아 보자. 그것은 참 어려운 일이지만 그렇기 때문에 더욱더 돈 공부와 함께 마음 공부를 꾸준히 숙련해야 한다. 이러한 균형 잡힌 자기계발을 통해 원하는 목표에 점점 더 가까워질 수 있다.

다른 누군가와 스스로를 비교하는 것은 본능적으로 자연스러운 현상이다. 그럴수록 그 상황에서 벗어나, 내면을 살피려고 노력해야 한다. 남과 비교하는 순간, 부족함에 빠져 헤어나올 수 없다. 비교는 '제 살 깎아 먹기'처럼 자기 자신에게 엄청나게 큰 손해를 입힌다. 사람은 누구나 강점이 있고, 부족한 점이 있다. 모든 것에는 양면성이 있다. 그것을 알아차리고 인정해야 한다. 그 다음 스스로 강화할 수 있는 부분에 중점을 두면 된다. 나만의 가치를 높게 설정한 만큼 세상에도 자신의 가치를 제대로 알릴 수 있다. 그러니 약점 대신 돈이 되는 강점을 찾아서 집중적으로 키워보길 바란다.

지금 바로 쓰고 행동하는 **ON 미션**

5년 후 내가 이룰 큰 목표는 무엇인가?
구체적으로 적어보자.

큰 목표에 맞춰 지금 당장
실행 가능한 계획을 작게 나눠보자.

돈 되는 나의 강점 리스트업하기

장기적으로 큰 목표와 세부적인 계획이 정해졌다면, 그 다음은 자신의 강점을 파악해야 한다. 결국, 내가 하고 싶은 일을 이루기 위해서는 강점을 활용해 돈을 벌어야 한다. 나의 경우, 강점과 약점을 잘 알고 있었기에 성향에 맞는 일을 찾을 수 있었다. 나의 최대 약점은 강압적인 무리에서는 오래 못 견딘다는 것이었다. 대신에 자유로운 분위기에서는 창의성을 발휘해 실행으로 잘 옮긴다는 강점이 있었다.

사회 생활을 하면서 이러한 성향을 경험으로 알게 됐지만, 다양한 성격 검사를 하면서 좀 더 정확하게 나의 특징을 파악할 수 있었다. 검사를 통해 나 자신을 객관적으로 바라볼 수 있었다. 덕분에 지금은 적성에 맞춰 '디지털 노마드 주부'로 나답게 일하며,

돈도 더 잘 벌고 있다. 내가 체크했던 성격 검사는 '엠그램 성격 진단', '16Personalities 성격 유형', '갤럽 강점 검사' 이렇게 세 가지다. 이것을 간단하게 소개하면 다음과 같다.

ON 가이드 | 성격 검사를 위한 사이트 정보

여덟 가지 원석을 찾는 '엠그램mgram 초정밀 성격 진단'(mgram.me/ko)

105가지 문항으로 진행되며 검사 소요 시간은 10분 정도이다. [진단 시작]을 누른 후, 깊게 생각하지 말고 속도감 있게 질문에 답변한다. 응답한 내용을 모두 종합해서 성격을 분석한다. 모든 답을 선택하고 마지막에 메일 주소를 입력한다. 5분 후 이메일에서 검사 결과를 확인할 수 있다. 태그를 통해 여덟 가지 성격에 대한 키워드를 확인할 수 있으며, 성격을 구성하는 마흔네 가지의 요소 중, 가장 강하게 나타나는 여덟 가지 요소를 정밀하게 추출해준다. 누계 1,500만 명 이상의 성격 분석 데이터를 기반으로 분석하기 때문에 매우 정밀한 분석이 가능하다. 출세하는 여덟 가지 이유도 알려주니 참고하면 좋다.

캐릭터를 찾는 '16Personalities 성격 유형'(16personalities.com/ko)

인간관계 및 직장 생활에 대한 조언을 들을 수 있으며 무료 이용이 가능하다. 검사 소요 시간은 10분으로 쉽고 간단하게 검사 결과를 사이트에서 확인할 수 있다. 당신이 누구이며, 왜 그러한 특정 행동 성향을 보이는지 살펴볼 수 있다. 성격 유형은 총 열여섯 가지 캐릭터로 구분되며 크게 분석형, 외교형, 관리자형, 탐험가형 네 가지다. 성격 유형을 자세하게 설명해주며 유형별 성격과 직업 분야를 추천한다. 각 테마에 속하는 유명인물도 알려준다. 캐릭터 별로 성향이 나와서 이해하기 좋다.

다섯 가지 강점을 찾는 '갤럽 강점 검사' (store.gallup.com/h/en-us)

갤럽 강점 분석 검사는 유명 조사 기관인 갤럽에서 40년 간 사람의 재능을 연구하고 분석하여 서른네 가지로 분류한다. 사람의 역량과 강점 강화에 집중한 재능 분석 프로그램이다. 각 테마별로 우선 순위와 특성, 보완점 등을 알 수 있는 유료 검사이다. 시간은 35분 정도 소요되며, 사이트에서 결과를 바로 확인할 수 있다. 별도의 개인 레포트를 PDF 형식으로도 다운받을 수 있으며 실행력, 영향력, 대인 관계 구축, 전략적 사고, 이 네 가지로 크게 분류된다. 상세한 맞춤형 강점 분석을 통해 자신의 특징을 개별화할 수 있다.

이 세 가지 성격 검사를 모두 해보면 자신의 성격과 특징에 대해 좀 더 정확히 알게 된다. 그 중에서 나는 '갤럽 강점 검사'를 통해 큰 효과를 봤다. 처음 강의를 시작했을 때, 수강생 모집이 쉽지 않았다. 그리고 막상 강의를 직접 경험하고 나니, 기대보다 못 미치는 결과에 힘들었다. 그래서 강의를 계속 하는 것이 나의 적성에 맞는지 고민하게 됐다. 그때 멘토 언니의 권유로 갤럽 강점 검사를 했고 그 결과는 놀라웠다. 누군가를 가르치는 게 나의 강점이자 특별한 재능이었기 때문이다.

갤럽 강점 검사에 따르면 나의 경우 영향력 부분이 두드러진다고 한다. 가장 강한 테마는 1. 개별화 2. 행동 3. 전략 4. 커뮤니케이션 5. 발상 순이었다. 특히, 개별화 테마가 강했다. 이것을 사용해서 성공할 수 있는 이유는 '각 개인을 고유하게 만드는 것이 무엇인지 알 수 있어서 사람들에게서 최고의 역량을 끌어내는 것이 가능하다.'고 한다. 내가 습득한 정보와 익힌 기술 또는 자신의 경험을 공유하여 특정한 사람들을 돕는 좋은 교육자가 어울린다고 검사 결과에 나왔다. 이 검사 덕분에 강의하는 것을 지속하게 되었고 나의 강점에 대한 신뢰가 생겼다. 그래서 온라인 쇼핑몰 사업에만 머무르지 않고, SNS 교육 사업까지 다방면으로 돈이 들어 오는 경로 즉, 파이프라인을 확장할 수 있었다.

자신의 재능에 초점을 맞춰 강점을 키우다 보면 자신감이 상승하게 된다. 이렇게 강점을 살려서 사업을 꾸준히 하다 보니 좋은 성과를 얻을 수 있겠다는 믿음이 강해졌다. 그래서 꿈을 포기하지 않고 계속해서 강의를 이어갔다. 그 결과, 놀랍게도 한 달 후 '3P자기경영연구소'에서 강의 의뢰가 들어왔다. 그리고 강의에 대한 반응이 좋아서 강의를 추가로 개설해 진행할 수 있었다. 개별화한 강점을 통해 1:1 코칭과 그룹 코칭까지 범위를 넓혔다. 덕분에 강의 능력이 향상됐고, 사람들의 반응도 좋았다.

성격 검사 덕분에 나만의 돈이 되는 강점을 찾을 수 있었고, 실제로 교육 사업에서 수익화를 이뤄냈다. 강점을 활용해 성공으로 가는 타이탄의 도구들을 모은 것이다.

나는 개인 브랜딩 관련 1:1 코칭을 할 때, 의뢰하신 분의 커리어 프로필을 사전에 미리 정리해서 보내달라고 요청한다. 지금까지 쌓아온 프로필을 살펴보면 의뢰한 분이 그동안 잘해왔던 점들이 보인다. 이 밖에 특별한 취미가 있는지도 체크해보면 좋다. 취미의 경우, 아직 돈으로 연결되진 않았지만 충분히 관련 지식과 노하우로 고유의 콘텐츠를 만들 수 있다. 그 다음, 비전보드를 살펴보면서 앞으로 하고 싶고, 좋아하는 것들이 무엇인지 확인한다. 그 꿈들이 기존의 커리어와 연결되는 것이면 확실히 유리하다. 자신이 좋아하면서 잘하는 것으로 돈을 벌 때, 엄청나게 큰 시너지가 발생한다. 자신이 좋아하는 것을 하게 되면, 지속하는 힘이 커서 장기적으로 오래갈 수 있기 때문이다.

자신의 SNS에 열 개의 콘텐츠를 올렸다고 가정해보자. 그 주제를 적어보면 자신이 지금 갖고 있는 관심사, 전문 지식, 성과, 가치관들이 보일 것이다. 여러 가지 주제 중에서 사람들이 나에게 돈을 내고 배우거나 얻고 싶은 것이 보이는가? 이왕이면 큰돈을 내고, 큰 가치를 줄 수 있는 것이면 좋다. 갖고 있는 콘텐츠가 괜찮다면 사람들이 반응할 것이다.

그 상태에서 돈 되는 것들을 알아봐야 한다. 관심 분야에 대해서 돈을 벌 수 있는 기간, 액수, 레버리지와 시스템에 관한 전반적인 조사가 필요하다. 장기적으로 봤을 때, 커리어 전망이 좋은지, 앞으로 5년 동안 활성화되는 사업인지 살펴보자. 활성화 기간이 길면 길수록 좋다. 너무 빠르게 유행을 타는 것은 거품이 금방 빠지기 때문에 타이밍을 보고 조심해서 들어가야 한다. 또한 고액의 돈을 얼마나 벌 수 있는지도 알아보자. 투자금과 평균적인 소득도 같이 따져보면 좋다. 최신 트렌드를 살피고, 커뮤니티와 SNS에서 다양한 성공담과 실패 후기들을 찾아서 참고하길 바란다.

남들이 몰려드는 분야에 무턱대고 불나방처럼 달려들면 절대로 안 된다. 적어도 자신만의 전략과 무기를 한 개 이상은 갖고 전장에 나서야 한다. 내가 갖고 있는 총에 총알이 몇 개 들어 있는지, 전쟁터에서 버틸 식량은 얼마나 되는지, 혼자서 충분히 싸워서 이길 수 있는지, 아니면 누구와 동맹을 맺어야 좋은지, 승리할 경우 얻게 되는 이득은 무엇인지 등 다양한 전략적인 부분을 살펴보는 통찰력이 필요하다.

마지막으로 레버리지와 시스템화가 가능한지를 체크해보자. 이익률을 높일 수 있는 레버리지는 비용, 시간, 인적 자원 등이 아웃소싱으로 대체 가능한지의 부분까지 알면 좋다. 추후에 많은 부분을 시스템화해서 내가 없어도 밤낮으로 돈이 들어오는 것이 가능한 분야인지 살펴보자. 자동으로 돌릴 수 있는 수익화 시스템은 매우 중요하다. 시장의 흐름을 읽고 사전에 꼭 체크하고 본격적으로 진입하는 것이 좋다.

결국 나를 부자로 만드는 것은 내가 지닌 강점들이다. 그러니 자신의 능력과 시스템을 효과적으로 발전시키자. 적을 알고, 나를 알면 백 번 싸워도 위태롭지 않다.

지금 바로 쓰고 행동하는 ON 미션

자신의 SNS에 열 개의 글을 올린다고 가정하고
각각의 주제를 적어보자.

그 주제 중에서 사람들이 돈을 주고,
내게 배우거나 얻고 싶은 것은 무엇인지 적어보자.

육아와 일의 밸런스를 위한 시간 관리

결혼을 하고 아이를 낳은 이상, 가정에 책임감을 가질 필요가 있다. 그러나 책임감을 오해해서 그것을 희생으로 생각하면 안 된다. 절대로 가족을 위해 희생만 하는 엄마가 되진 말자. 오랜 시간이 흘러 '누구 때문에 뼈 빠지게 애만 키우다 늙었는데?'라고 한탄해도 아무런 보상을 받을 수 없다. 그렇다고 가족은 내팽개치고, 자기 일만 하기 바쁜 커리어 우먼이 되라는 것은 아니다. 육아와 일의 밸런스를 위한 시간 관리를 잘해서 가정도 챙기면서, 꿈도 챙길 줄 아는 '엄마 사람'이 되길 바란다. 가장 중요한 것은 자신이 행복해야 가족도 행복할 수 있다는 사실이다.

어린 아이를 둔 엄마는 24시간을 온전히 자신을 위해 쓸 수 없다. 살림도 해야 하고, 무엇보다 어린 자녀를 돌봐야 한다. 아이를 떼어놓고 자신의 일에만 몰두할 수도 없다. 그렇다고 아이를 돌보는 것에만 주력하기에는 스스로가 공허함과 우울함을 가질 수도 있다. 몸은 한 개이니 한번에 모든 일을 다 할 수는 없지만, 그럼에도 불구하고 육아와 일 두 마리 토끼를 다 잡는 방법을 찾아야 한다. 그래서 나는 왼팔과 오른팔을 가지고 밸런스를 맞추게 됐다. 나의 경우, 육아와 일의 몰입 시간을 따로 배정해서 그 시간만큼은 각각의 부분에 집중했다. 최대의 효과를 얻기 위한 최소한의 일에만 몰입해서 삶의 만족도를 높였다.

그러기 위해서는 수입에 가장 큰 기여를 하는 중요한 업무를 몇 개만 찾아서 스스로 마감 시간을 정하고 시간표를 짜야 한다. 바쁜 엄마들이 중요한 일을 미루지 않기 위해서는 일정과 마감 시한을 짧게 잡아 집중하는 것이 좋다. 어떻게 하면 적은 시간을 들여 효과적으로 돈을 벌지 생각하자. 절대로 일을 위한 일이 되지 않도록 말이다. 중요하지 않는 일을 잘 한다고 해서, 나에게 돌아오는 혜택은 별로 없다. '부자 엄마'의 목표는 수입을 증가시키면서 일의 양을 줄이는 것이다.

엄마에게 덩어리 시간 확보는 무엇보다 중요하다. 어린 자녀와 하루 종일 붙어 있다면 '미라클 모닝'이나 '미라클 미드나잇'이 필요하다. 아이가 자고 난 뒤, 늦은 밤이나 아이가 일어나기 전인 새벽 시간을 활용하자. 물론 결과적으로 자신의 잠을 조금씩은 줄여야 한다. 그러나 이 정도는 투자해야 소중한 나만의 시간을 벌 수 있다. 절실한 마음이 있다면 누구든지 '미라클 시간 관리'를 할 수 있다. 참고로 부자들 중에는 아침형 인간이 많다. 세계적으로 성공한 부자들은 보통 새벽 4시와 6시 사이에 일어난다고 한다. 이 덩어리 시간은 당신에게 희망과 기적을 선물해 줄 것이다.

나는 덩어리 시간을 확보하기 위해 미라클 모닝을 선택했다. 출산 후 아이를 키우며 몇 년 동안 불면증에 시달렸다. 어떻게 해도 불면증은 고치기가 어려웠다. 그런데 새벽에 일찍 일어나기 시작하니 놀랍게도 불면증이 거의 사라졌다. 저녁 9시만 되어도 눈이 감겼다. 새벽에 좀 더 일찍 일어나 2시간 정도 나만의 시간을 확보해 멋진 꿈을 그려나갔다. 신랑과 아이가 자고 있는 고요한 시간에 오롯이 나를 위한 인풋과 아웃풋을 쌓았다. 이것은 막막했던 어두운 미래를 밝게 비춰주는 등대처럼 한줄기 빛이 되어 나에게 희망을 주었다.

여기에서 더 나아가 온라인 창업을 하고 적극적으로 시간을 레버리지한 것은 '어린이집'이다. 아이가 어린이집에 다니면 맞춤반과 종일반으로 나뉘게 된다. 맞춤반의 경우 오후 3~4시면 아이를 데리고 올 수 있지만, 종일반의 경우 저녁 6~7까지 맡길 수 있다. 어린이집에서 아이를 일찍 데리고 오면 아이와 더 많은 시간을 보낼 수 있다. 하지만 아이를 케어하면서 아직 마치지 못한 일과 살림을 하고 싶지는 않았다. 여러 가지 조건을 살펴본 후 아이가 초등학생이 되기 전까지 어린이집 종일반을 보내기로 결정했다.

아이를 안전하게 믿고 맡길 수 있는 상태에서 빠르게 커리어를 다시 이어가는 것이 좋겠다고 마음 먹었다. 물론, 어린이집에 보내기 전까지는 아이를 전적으로 돌보는 것에 거의 모든 시간을 쏟았다. 3년이라는 시간이 지났고, 결단의 시기가 왔다. 맞춤반을 해서 아이와 많은 시간을 보내는 것도 좋지만, 그럴 경우 아이가 초등학교 저학년이 될 때까지 엄마의 커리어가 오랜 기간 끊기는 경우가 많다. 만약, 아이가 열 살이 되어서 엄마가 그때부터 돈을 번다고 한다면, 더욱 막막하지 않을까? 경력 단절 3년과 10년의 차이는 너무 크기 때문이다.

어린 아이를 키우는 30~40대 엄마라면 자신의 커리어에 대해 곰곰이 생각해보길 바란다. 그리고 아이를 어린이집에 보내게 된다면 확실하게 선생님을 믿고, 그 시간에 내 일에 집중하자. 목표를 정확히 알고, 그에 맞춰 좋은 성과를 내는 사람들은 모든 정신을 한곳에 몰입한다. 자신의 덩어리 시간에 무엇을 집중해야 좀 더 효과적이고 만족스러울지 생각해보자.

나는 덩어리 시간에 무조건 중요한 일을 먼저 하는 편이다. 아이가 어린이집에서 돌아오기 1~2시간 전에 집안일을 몰아서 한 번에 한다. 그때까지는 집안일이 보여도 잠시 못 본 척 한다. 아무에게도 방해받지 않는 내 일을 할 수 있는 시간을 확보했다면,

거기에서 어떤 성과를 낼지도 중요하다.

일을 할 때 우선순위로 장기적 비전에 맞춰 나에게 중요한 일부터 먼저하자. 그 다음에 급한 일을 처리해나가면 된다. 다른 곳에 위임하는 아웃소싱이 가능하다면 활용한다. 그 이후 남는 시간에는 일상적인 일과 집안일을 마무리하는 순서로 진행한다. 나 혼자서 모든 일을 할 수 없다는 사실을 인정하는 것이 중요하다. 사소한 일은 과감하게 차단해놓고, 그 시간에 자기 성장을 위한 일에 열정을 쏟으면 스스로의 가치를 극대화할 수 있다. 몰입 시간을 꾸준히 지속할 때, 좋은 성과들이 쌓이기 시작한다. 엄마에겐 집중과 릴렉스에 대한 밸런스가 중요하다.

나답게 돈 버는 일을 하면서 가족과 더 많은 시간을 누릴 수 있는 비결은 세 가지가 있다. 첫 번째로 '오늘 해야 할 일 목록'을 쓰는 것이다. 오늘 해야 할 일은 각각 정해진 시간 안에 끝내도록 노력한다. 일이 익숙해지면 시간을 점점 단축할 수 있다. 두 번째로 '하지 말아야 할 일 목록'을 작성하는 것이다. 자신이 생산적인 것처럼 느끼기 위해 시간 때우기로 주로 이용하는 세 가지를 적어보자. 나는 이메일 확인, 뉴스 확인, 다른 사람들의 SNS 보기에 많은 시간을 쓰는 편이었기 때문에 이 부분을 의식적으로 자제하려고 노력했다. 세 번째로 '마감 시간 정하기'이다. 중요한 일은 오후 4시 안에 끝나도록 일의 마감 시간을 정해서 지키려고 노력한다. 집중과 선택으로 일을 분류해 시간표를 짜보자. 이렇게 세 가지 시간 관리 방법만 잘 활용해도, 일과 육아가 좀 더 수월해질 것이다. 이 과정을 계속 반복해 성장하다 보면, 자존감도 함께 올라가게 된다.

여기까지 엄마의 부자 ON 로드맵 5단계 플랜을 잘 따라왔는가? 일과 삶 중 하나를 희생하지 않고, 두 가지를 모두 상생하겠다는 강한 의지가 필요하다. 육아와 일의 밸런스를 조화롭게 잘 다루겠다고 마음먹자. 육아를 할 때는 일을 생각하고 일할 때는 아이를 걱정하는 이질적인 삶이 아닌, 온전한 삶을 사는 것이다. 부자 ON 로드맵을 통해 '나도 할 수 있다!'는 확신이 생겼다면, 이제 가장 중요한 '결단'만이 남았다.

지금 바로 쓰고 행동하는 **ON 미션**

당신의 덩어리 시간 (2시간 이상)은
몇 시부터 몇 시까지인가?

덩어리 시간에 무엇을 몰입해서 할지
우선순위를 적어보자.

아이 키우며, 나답게 돈 벌기로 했다

"언니들, 오늘 즐거웠어요! 오늘 커피값 정산해서 알려주세요."

"오늘 봐서 정말 좋았어! 5,000원씩 주면 될 것 같아."

"네, 감사해요! 바로 이체할게요."

"다들 푹 쉬고, 다음에 또 봐!"

아이를 낳고 전업주부가 됐을 때 조리원 동기들과 문화 센터에 가는 것이 유일한 낙이었다. 하루 종일 집에서 아이를 돌보다가 어쩌다 한번씩 외출하는 날에는 기분이 한결 나아졌다. 조리원 동기들과 커피를 마시면서 육아 고충을 털어놓으며 육아 스트레스를 풀었다. 하지만 집에 돌아와 용돈 잔액을 보면 한숨이 나왔다. 가끔씩 사먹는 커피값조차 빠듯할 정도로 용돈이 적었다.

외벌이 신랑 월급만으로 생활하려니 늘 허리띠를 졸라매야 했다. 언제까지 이렇게 가격표를 볼 때마다 쩔쩔 매야 할까? 계속 짠순이로 쪼들리며 살기는 싫었다.

신랑 월급에만 의존해서 사는 현실이 너무나 속상했다. 적어도 내가 번 돈으로 커피값 정도는 편하게 내고 싶었다. 누구의 엄마, 누군가의 아내, 누군가의 며느리가 아닌, 내 이름을 다시 찾아야 했다. 100세 시대를 산다고 했을 때, 남은 70년을 이대로 의기소침하게 살 순 없었다. 그러기에 나는 너무 젊었다. 우울한 현재와 막막한 미래를 바꾸고 싶은 마음이 간절했다. 짠 내 나는 가난 대신, 경제적 자유를 얻기 위한 '변화'가 필요했다. 그래서 나는 아주 큰 결단을 내렸다.

'아이 키우며, 나답게 돈 벌기로 했다!'

수입 0원 전업주부였던 내가 어떻게 1년 만에 월 1,000만 원을 벌게 됐을까? 이런 성과를 만들 수 있었던 것은 스스로 돈에 대해 책임지기로 결심했기 때문이다. 돈을 번다는 것은 내게 여러 가지 의미가 있었다. 가장 큰 장점은 자본주의에서 우리 가족이 경제적으로 여유롭게 살 수 있다는 것이다. 또한 삶에 활력을 불어 넣어서 이 세상에 내가 존재하는 이유를 증명할 수 있었다. 새로운 도전이 두려웠지만, 더 이상 잃을게 없었기에 나답게 돈 벌기로 마음먹었다.

아이를 키우며 어떻게 돈을 벌지 고민했다. 그러다 모임에서 알게 된 또래 엄마의 이야기를 들었다. 그녀는 아동복을 인스타그램에서 판매하면서 꽤 많은 돈을 번다고 했다. 인터넷으로 검색해서 알아보니, 인스타그램에서 '온라인 의류 쇼핑몰'을 많이 하는 분위기였다. 공구마켓과 스토어가 점점 활성화되고 있었다.

친한 친구의 도움을 받아 인스타그램을 개설하고 사진 올리는 법도 배웠다. 그리고 열심히 선팔, 맞팔을 하면서 팔로워 수를 3,000명까지 늘렸다. 아동복을 판매하기로 마음먹고, 아기 엄마들을 메인 고객으로 삼았다. 인스타그램에 딸아이의 일상 사진을 올리고, #육아스타그램의 해시태그 키워드에 맞는 인친들과 팔로잉을 늘려갔다. 그 다음, 블로그 마켓에 연결시켜서 공동 구매 형태로 온라인 쇼핑몰을 시작했다. 도매 업체에서 이미지를 제공받아서 위탁 배송으로 진행했다. 초기 자본금이 100만 원도 안 들었다. 그리고 네이버 스마트스토어까지 쭉 확장해서 온라인 쇼핑몰을 체계화했다. 사업 아이템을 선별하며, 주요 고객들이 어떤 온라인 SNS 플랫폼에 있는지 꾸준히 체크했다. 인스타그램부터 시작해서 블로그, 유튜브를 운영하며 SNS에서 인지도를 쌓았다.

온라인 사업에서 홍보는 정말 중요하다. 그래서 나만의 채널을 꾸준히 키워나갔다. 한 가지 팁을 말하자면, 나와 비슷한 상황에 있는 사람들을 고객으로 삼으면 훨씬 사업하기가 수월하다는 것이다. 나의 고민이 곧 그들의 고민이기 때문이다. 우선 내 마음 속 이야기에 귀를 기울이고 난 후 주변을 둘러보자. 그렇게 하면 도움이 필요한 고객들이 눈에 들어올 것이다.

나의 경우는 어린 아이를 둔 엄마들을 고객으로 삼았다. 나 역시 같은 아기 엄마였기 때문이다. 그래서 그녀들이 원하는 것을 좀 더 쉽게 알 수 있었다. 나도 딸에게 입힐 옷이 필요했고, 예쁜 옷을 도매가로 살 수 있으니 일석이조였다. 이런 노력으로 월 1,000만 원을 달성하면서 경제적 자유를 위한 발판을 만들었다. 사실 나에게 이 금액의 의미는 경제적 자유 그 이상의 가치가 있었다. 월 매출 1,000만 원이라는 작은 성공으로 '나도 해냈다!'는 자신감을 얻었다. 그리고 이를 통해 스스로 나답게 돈 버는 길을 걸으며, 더 나아가 사람들이 부자가 될 수 있도록 돕는 선한 영향력을 나누게 됐다.

일단 작게라도 지금 당장 시작하는 것이 정말 중요하다. 시작이 반이다. 나머지 50%는 하면서 채우면 된다. 적은 돈이라도 내 힘으로 벌기 시작하면 수익은 기하급수적으로 늘 수 있다. 우선 월 10만 원 수입을 목표로 나답게 돈 버는 것을 시작해보는 건 어떨까? 돈에 관심을 갖고, 돈 버는 습관을 만들자. 1년 뒤에 얼마나 큰 변화가 생길지는 아무도 모른다. 나는 이렇게 해서 1년 후 월 1,000만 원을 벌었다. 당신도 가능하다.

지금 바로 쓰고 행동하는 **ON 미션**

현재 당신의
한 달 용돈은 얼마인가?

용돈을 벌기 위해
지금 당장 할 수 있는 일들을 적어보자.

돈 걱정 없는 삶을 위한 소자본 창업 준비

"여러분, 제발! 사업 시작할 때, 돈 많이 쓰지 마세요. 저는 창업하자마자 50평짜리 사무실 계약해서 월세 내다가 끝났어요. 제대로 돈도 벌어 보지도 못하고 1년도 안 되서 사업을 접었어요. 겉멋들어서 첫 사업부터 무리해서 사무실에 돈 쓴 게 제일 후회돼요."

창업을 준비하면서 틈틈이 오프라인 강의를 들으러 다녔다. 그때 한 강사님이 했던 말이 아직도 기억난다. 강사님은 직장에서 오랜 기간 일하다가 은퇴 후 창업을 한 케이스였다. 그래서 퇴직금을 전부 올인해서 처음부터 무리하게 큰 사무실을 얻었고 월세 때문에 사업을 접었다고 한다. 이렇게 오프라인에서 사업을 할 경우, 월세와 인건비 및 재고에 대한 고정비가 든다. 그것을 유지하려면 엄청난 부담이 될 수 있다. 그러나 디지털이 활성화되면서 온라인 소자본 창업이 쉬워졌다. 적은 돈을 들여 온라인 마켓을 누구나 열 수 있게 됐다. 시간과 공간의 한계를 넘어서 누구나 1인 기업으로 작게 사업을 시작할 수 있다.

육아와 커리어 사이에서 고민하는 30~40대 주부들에게 내가 돈 버는 방법으로 온라인 창업을 추천하는 이유는 다음과 같다. 소자본으로 시작할 수 있고, 시간과 장소에서 자유롭기 때문이다. 또한 직장에서 받던 월급보다 더 많은 돈을 벌 수도 있다. 우선 온라인 창업의 장점을 간단히 소개하고, 쇼핑몰 운영에 대한 실전 노하우는 다음 장에서 구체적으로 다루겠다.

적은 자금으로 시작

소자본으로 사업을 시작할 수 있다는 것은 정말 매력적인 부분이다. 100만 원이라는 자본금만 있으면 충분히 온라인 창업을 할 수 있다. 부동산 투자만 해도 종잣돈이 최소 5,000만 원은 있어야 시작할 수 있다. 주식은 100만 원으로도 가능하지만, 그 금액으로는 큰 재미를 보기가 어렵다. 그러나 온라인 창업은 다르다. 자신이 주도적으로 사업을 잘 운영한다면 자본금 100만 원으로 충분히 시작할 수 있다. 창업 투자금 대비 그 이상으로 큰돈을 벌 수도 있다. 여행을 몇 번 가지 않거나, 쇼핑할 돈을 아껴서 자본금 100만 원을 만들어보자.

처음부터 오프라인에 매장을 열거나, 사무실을 구하는 것은 추천하지 않는다. 매달 내야 하는 월세와 관리비를 합산해서 1년 동안 유지할 정도의 자본금이 있을 때 오프라인 매장을 고려하자. 처음에는 무조건 온라인 사업으로 작게 시작하길 바란다. 소자본 창업으로 번 돈을 잘 모아서, 주식과 부동산 투자로 자산을 불리는 것을 추천한다.

제약 없는 시간과 장소

온라인 창업이 좋은 이유는 시간과 장소에 대한 제약이 없기 때문이다. 어린 아이를 키우는 엄마들에게 시간과 장소를 자유롭게 선택할 수 있다는 것은 큰 장점이다. 스마트폰이나 노트북이 있다면 집에서도, 카페에서도, 개인 사무실 어디에서도 디지털 노마드로 일할 수 있다. 심지어 외국에서 한 달 살기를 하면서도 인터넷만 연결되면 온라인 창업 관리에 문제가 없다. 그런 환경이 가능하도록 아웃소싱을 활용해서 온라인 사업을 운영하면 좋다. 디지털 노마드 주부가 되어 가족과 함께 여행하며, 자유롭게 일도 하고 돈도 벌 수 있다.

큰돈을 벌 가능성

물론, 처음부터 큰돈을 버는 것이 어려울 수는 있다. 그러나 1년만 제대로 집중하면 직장인의 연봉을 뛰어넘는 수입을 버는 것도 충분히 가능하다. 경단녀로 전업주부가 됐을 때, 파트타임으로 편의점이나 카페에서 알바를 해야 하나 고민했었다. 그때는 한 달에 고정적으로 들어오는 몇 십만 원도 아쉬울 때였다. 하지만 아르바이트는 아이 키우면서 나답게 큰돈을 벌 수 있는 일이 아니었다. 그래서 온라인 창업을 선택했고 결혼한 여자에게 매력적인 '돈 버는 도구'를 얻었으며, 최저 시급의 늪에서 벗어났다.

예전의 나는 돈 버는 건 어렵다는 생각을 무의식적으로 갖고 있었다. 그러나 이제 생각을 바꿨다. 돈 버는 것이 쉽다고 생각하며 부자 마인드로 생각을 바꿔나갔고, 실제로 내 운명은 바뀌고 있다. 돈 걱정 없는 삶을 원한다면 부자가 되는 것은 어렵지 않다는 관점을 가져야 한다. 돈 버는 것이 생각보다 쉽다고 믿어보자. 무슨 일이든 마음 먹기에 달렸다.

지금 바로 쓰고 행동하는 **ON 미션**

소자본 창업을 준비할 때,
예산을 어느 정도로 잡을지 적어보자.

창업으로 언제까지
얼마를 벌고 싶은지 목표 금액을 적어보자.

나답게 돈 버는 엄마의 To Do List

#1 비전보드를 현실로! 드림통장

렘군 님이 운영하는 '푸릉푸릉 스터디'에서 길잡이가 됐을 때, 스터디 멤버들에게 비전보드를 만드는 미션 외에 비전보드의 비용을 실제로 계산해서 '드림통장'을 만들게 했다. 그리고 진짜 원하는 비전을 정한 후, 그 목표에 맞춰 수익화하도록 가이드를 했다. 스터디 멤버들에게도 자신의 꿈에 가까워질 수 있는 방법들을 코칭했다. 두리뭉실한 꿈이 현실적으로 와닿을 수 있도록 말이다.

드림통장을 개설하는 것에 대한 멤버들의 반응은 좋았다. 생각보다 쉽게 시작할 수 있고, 현실적으로 꿈이 차곡차곡 돈으로 쌓이게 하는 데 아주 효과적이기 때문이다.

드림통장을 만드는 방법은 생각보다 훨씬 간단하다. 나의 경우에는 카카오뱅크의 적금을 활용했다. 요즘에는 인터넷으로 적금을 쉽게 만들 수 있고, 각 적금의 이름을 마음대로 수정할 수 있다. 그래서 각각의 만기일을 장기적인 일정으로 맞춘 후에 적금을 붓기 시작했다. 부담 없는 금액으로 한 달에 한 번씩 자동이체가 되도록 설정하면 된다. 자신의 비전보드에 있는 목표 중에서 목표 세 개를 선택하여 목표별 드림통장을 만들어보자. 드림통장별 금액과 목표, 날짜도 구체적으로 작성하면 효과가 더 좋다.

참고로 나는 [가족과 해외에서 한 달 살기], [유튜브 구독자 100만 달성 기념 강의], [100억 자산 달성 축하 파티] 이렇게 세 가지 드림통장을 갖고 있다. 한 달에 한 번씩 적금이 각 통장에 들어갈 때마다 비전이 달성되는 중이라고 알림이 온다. 나의 꿈이 실제로 드림통장에서 진행되고 있음을 눈으로 확인하면 기분이 좋아진다. 당신도 드림통장을 만들어 실제로 꿈에 더 가까워지길 바란다. 자신의 비전보드와 드림통장을 만들고, SNS에 인증샷 이미지를 올려보자. 이러한 경험들이 많아지면 좋은 에너지가 된다. 자신의 꿈을 세상에 선포하고, 실제로 그것을 이룰 가능성을 높여보자. 비전보드를 현실로 옮기는 것은 이렇게 작은 행동으로도 바로 시작할 수 있다.

아이 키우며
돈 버는 준비하기

온라인 쇼핑몰
창업 도전하기

주부 인플루언서 되기

책 한 권으로 돈 벌기

N잡러
디지털 노마드 맘 되기

경제적 자유를 위한
파이프라인 구축하기

2장

디지털 노마드 맘을 위한 온라인 창업 실전 노하우

왕초보 엄마 CEO의 첫 온라인 쇼핑몰 창업

이제는 실전이다. 1장에서 완성한 부자 ON 로드맵을 활용해 온라인 창업을 준비하면 좀 더 효과적인 성과를 얻을 수 있을 것이다. 당신이 엄마 CEO이자 친구라고 생각하며 진심을 다해 온라인 창업 노하우를 공유하겠다. 지금은 장소와 시간의 구애 없이 온라인으로 엄마들도 디지털 노마드 주부가 되어 아이 키우며, 나답게 돈 벌 수 있는 기회가 많아졌다. 전업주부라면 더욱 더 온라인 창업을 하는 것이 쉬워졌으며, 현재 직장을 다니는 워킹맘이라도 충분히 부업으로 시작할 수 있다.

퇴사 후 돈 버는 방법을 미리 대비해야만 당당하게 회사를 나올 수 있다. 그러니 진지하게 온라인 창업에 관심을 갖고 한쪽 발을 들여놓길 바란다. 내 상황에 맞춰 지금 당장 할 수 있는 것부터 부업처럼 작게 시작하면 된다.

『부자 아빠 가난한 아빠』에서 부자 아버지는 “돈이 부족한 것은 모든 악의 근원이다. 공부 열심히 해서 좋은 회사를 차려야 한다. 무엇보다 위험을 관리하는 법을 배워라. 네가 똑똑한 사람을 고용해야 한다.”고 말했다. 여기에서 나오는 키워드를 먼저 살펴보자. 돈, 악의 근원, 공부, 회사, 위험, 똑똑한 사람, 이것들에 대해 어떤 관점으로 접근하느냐에 따라서 삶의 방향이 바뀌게 된다. 지금부터라도 부자로 살기 위해 다방면으로 돈 공부를 하면서 좋은 회사를 차리기로 마음먹길 바란다. 사업은 위험하다. 그러나 그 위험을 작게 자르면 충분히 관리할 수 있다. 더 이상 돈을 위해 일하는 것이 아닌, 돈이 나를 위해 일하게 하자.

누구나 처음은 서툴다. 그렇기에 단단하게 내실부터 다져야 한다. 그 다음 인터넷 비즈니스의 장점을 살려 수입의 규모를 기하급수적으로 늘리면 된다. 처음에 눈덩이를 단단하게 뭉친 뒤 크게 굴리는 것처럼 말이다. 디지털 시대에서 결혼한 여자의 돈 버는 도구는 달라야 한다. 이제 더 이상 육아와 커리어 사이에서 고민하지 말고, 엄마 CEO가 되어 스스로 돈 버는 도구에 대한 통제권을 갖길 바란다. 내가 경험하며 습득한 아이 키우며 나답게 돈 버는 방법이 현실적으로 도움되길 바란다.

집에서 부업으로 작게 시작 하는 창업

"저 오늘 주문만 11개 들어왔어요!!!"

"오~진짜요? 축하드려요."

"많이 알려주셔서 감사합니다. 유튜브 대박 나세요! 자주 애청하겠습니다!"

"감사해요! 스터디 멤버 님도 대박나세요. 분명 더 잘되실 거예요!"

2020년 6월, '더온 스터디'라는 특별한 프로젝트를 진행했다. 스터디 멤버들과 함께 온라인 쇼핑몰 창업으로 스마트스토어를 준비했다. 그리고 실제로 3주만에 스터디 멤버가 운영하는 쇼핑몰에 주문이 들어왔다.

코로나19가 세계적인 대유행을 하며, 팬데믹을 선언한지 꽤 시간이 지난 후였다. 나는 몇 달간 조용히 살고 있었다. 기존에 계획했던 일들을 거의 진행하지 못했고, 집 밖에는 잘 나가지 않았다. 솔직히 말해서 작은 행동조차 두려웠다. 그리고 집에서 많은 생각을 했다.

'2주만 기다리면 코로나가 잠잠해지겠지…. 그래, 한 달만 조심하면 다시 원래대로 돌아올 거야!'라는 마음으로 공포 속에 갇혀 시간이 지나기만을 가만히 기다리고 있었다. 그렇게 몇 달을 보내고 나니 비로소 알게 됐다. 다시는 코로나19 이전의 세상으로 돌아갈 수 없다는 사실을. 안타깝지만 지금의 급격한 변화를 받아들일 때가 온 것이다.

사회적 거리 두기, 언컨택트 (비접촉, 비대면)
흔들리는 오프라인 시장, 디지털 시대의 가속화….

이런 상황에서 어떻게 해야 할까? 머리 속이 복잡하고, 두려움이 커져서 가슴이 답답했다. 이럴 땐 책에서 힌트를 찾게 된다. 그때 내가 읽은 책이 『더 해빙』이었다. 이 책 덕분에 나의 '있음'에 집중하게 됐다. 두려움을 잘 다독여서 다시 시작할 수 있었다.

조금 더 편안한 감정으로 내가 할 수 있는 일부터 다시 해보자는 마음을 먹었다. 서로 상생하며, 도움을 주는 온라인 창업 스터디를 하기로 결단을 내렸고, 3주간의 커리큘럼을 짜서 블로그에 모집 글을 올렸다. 추가로 유튜브와 인스타그램에 스터디 홍보를 하여 멤버들을 모았다.

온라인으로 돈 버는 법이 궁금하지만 무엇부터 해야 할지 막막한 분들을 위해, '온코치'가 되어 가이드를 했다. 유튜브 채널 '온코치TV'에서 스마트스토어 초보를 위한 하우 투 영상을 꾸준히 업로드하고, 주간 미션을 통해 스터디 멤버들이 직접 실천하고 인증하도록 별도의 채팅방을 만들어 이야기를 나눴다. 1주차 미션은 스마트스토어 개설, 2주차 미션은 샘플 상품 한 개 등록, 3주차 미션은 각자 상품 세 개 등록이었다. 스터디 멤버들에게 현실적으로 도움되는 미션들을 기획했다. 스터디가 끝난 후에도 자립해서 계속 성장할 수 있도록 말이다.

'더온 스터디'에서 3주간의 미션을 완료하며 판매까지 이뤄낸 베스트 스터디 멤버님과 전화 인터뷰를 진행했다.

"스마트스토어를 시작한 지는 얼마나 된 건가요?"

"스마트스토어 개설은 아직 한 달이 안됐고, 상품 등록은 2주 됐어요."

"온라인 창업 준비를 두려워하시는 분들에게 한마디 해주실 수 있나요?"

"네! 저도 많이 주저하고 이제야 시작했기 때문에 충분히 공감돼요."

"그럼 고민을 얼마나 한 거예요?"

"한 4~5개월 정도? 저도 처음에는 어려웠어요. 어디에서부터 어떻게 해야 하는지…. 일단은 해봐야 하는 것 같아요. 경험이 제일 중요하더라고요. 하나씩 따라가다 보면 궁금한 게 계속 생기고, 더 연구하게 돼요. 그러면 또 경험이 쌓이더라고요."

조금 더 좋은 정보가 필요해서 아직 시작할 수 없다고 하는 사람은 아마 1년 후에도 준비만 하고 있을 것이다. '천리 길도 한걸음부터'라는 말이 있다. 그 첫 걸음은 '지금 바로'인 것이 가장 좋다. 나의 경험상 바로 질러버리면 뒷수습을 하면서 어떻게든 앞으로 나아갈 수 있었다. 고민하느라 보내버린 2년보다, 직접 경험하며 배우는 3개월이 훨씬 더 많은 성과를 가져왔다. 최소한의 준비 후 데드라인을 정해 선포라도 해보자.

온라인 시장은 어떤 구조로 이루어져 있을까?

어렸을 때, 부모님은 동네에서 작은 구멍 가게를 운영했다. 가게 옆에 딸린 방에서 살았기에 부모님이 잠시 자리를 비우면 내가 계산을 하기도 했다. 숫자 개념도 거의 없을 정도로 어렸기 때문에 동네 사람들은 양심껏 돈을 내고 상품을 갖고 갔다. 그때부터 판매에 대한 개념을 어렴풋이 알게 된 것 같다. 우리 가게에서 했던 것은 사람들이 찾는 상품들을 떼어다가(유통), 그 가치에 맞는 가격을 받고 파는 소매업이었다.

시간이 흘러 고등학생이 됐을 때, 그림 그리는 것이 좋아서 만화 동아리에 들어갔다. 학교에서 축제를 했는데 그때마다 동아리에서는 직접 만화 캐릭터를 그려서 수작업으로 만든 열쇠고리를 판매했다. 이것은 직접 제작(생산)과 판매(유통)까지 하는 '도매,

소매업'을 같이 한 것이다. 생각해보면 판매와 관련된 다양한 경험들을 계속해왔다. 오프라인과 온라인 시장은 구매 장소만 다를 뿐 본질적인 개념은 같다.

앞으로 우리는 온라인 시장에서 상품을 판매하면서 돈 버는 법을 익힐 것이다. 이때, 시시때때로 변화하는 트렌드와 기본적인 시장 원리도 알아두면 좋다. 여기에 인기 키워드와 인간의 욕구와 소비 심리만 제대로 파악해도 사업을 하는데 큰 도움이 될 것이다.

사람이라면 누구나 욕구가 있다. 한 인간으로 생존하기 위한 욕구와 지금보다 더 나아지길 바라는 미래에 대한 욕구 말이다. 하지만 코로나19의 확산으로 큰 변수가 생겼다. 인간의 욕구를 충족시키기 위해, 그 변수에 맞춰 언택트 상품들이 뜨고 있다. 대표적으로 온라인 쇼핑몰(e커머스)이나 IT기업 같은 디지털 특화 업종들이다.

사람들은 자신의 자아와 건강, 대인 관계, 자유를 충족시키는 과정에서 생기는 여러 가지 문제를 해결하고 원하는 것을 갖도록 도와주는 무언가를 필요로 한다. 이것이 자연적으로 순환되면서 세상이 돌아간다. 그 과정에서 크고 작은 위기가 생기고, 그것에 대응하며 인류는 진화한다. 이런 시대의 변화로 인간에게 필요한 도구도 발전했다.

예를 들어 태초의 이동 수단은 사람의 발이었다. 그러다 동물을 타기 시작했고, 자동차 같은 기계를 탔다. 그리고 지금은 인터넷을 타고 어디든지 접속해 가상 공간을 이동할 수 있다. 변하지 않는 것은 이동하려는 인간의 욕구이다. 변하는 것은 그곳으로 데려다주는 도구와 그에 따른 가치 비용이다. 예상치 못한 변화에 빠르게 적응할수록 사업적으로 크게 성장하게 된다. 통찰력을 가지고 위험을 관리해야만 새로운 흐름을 탈 수 있다.

자본주의 시장의 기본 원칙

생산자 ↔ 유통자 ↔ 소비자

상품과 돈으로 상호 교환

자본주의에서는 가치 있는 무언가를 계속 교환해서 부를 쌓는다. 교환이라는 본질을 반드시 기억하자. 거기에는 돈을 버는 생산자와 돈을 내는 소비자가 있다. 그리고 중간을 연결해주는 유통자도 있으며 그들도 돈을 번다. 과거의 오프라인 사업이 지금은 점점 디지털화 되고 있으며, 생산과 유통을 같이 하면서 더 큰 돈을 벌게 됐다. 소량 제작이 가능해지고, 서비스와 정보 콘텐츠의 활성화로 인해 생산과 유통을 병행할 수 있게 됐다.

온라인 쇼핑몰도 마찬가지다. 온라인 쇼핑몰은 크게 상품 등록 전과 후로 나뉜다. 즉, '나'라는 판매자가 온라인 마켓에 상품을 올리고, 소비자에게 돈을 받고 판매하는 것이다. 그래서 판매가 가능한 아이템이 계속 교환(판매)되는 것이 중요하다. 가치 있는 상품을 소싱해서 나의 온라인 마켓에 상품 정보(사진, 활용법, 가격 등)를 올린다. 상품이 필요한 고객이 온라인에서 주문하고 돈을 결제한다. 그 다음에 주문 정보(배송 주소)에 맞춰서 택배로 물건을 보내주면 된다.

순서대로 쇼핑몰 판매 과정을 정리하면 다음과 같다. 1. 상품 찾기 2. 상품 등록 3. 홍보(키워드 노출) 4. 고객 주문 5. 택배 발송 6. CS 및 AS(고객 응대) 이렇게 여섯 단계로 상품을 한 바퀴 돌린다고 보면 된다. 여기에 쇼핑몰 브랜드와 핵심 고객에 맞춰 마케팅(광고, 홍보)을 잘 하는 것도 중요하다. 이 기본 원칙을 활용하면 사업을 크게 키울 수 있다.

지금 뜨는 그것!
유행하는 트렌드 읽기

'요즘, 이게 유행이래. 나도 사볼까?'

유행이란 어떤 것에 많은 사람들이 열광해서 급속도로 세상에 널리 퍼지는 현상을 말한다. 온라인 쇼핑몰에서 판매를 하게 되면 트렌드에 민감한 것이 좋다. 남들보다 빠르게 인기 아이템을 잡아서 선점하는 것이 유리하기 때문이다. 트렌드를 잘 읽기 위해서는 꾸준한 관찰과 분석력이 필요하며, 동시에 유연한 태도는 필수다.

온라인 쇼핑몰을 시작하기 전에 대중적이고, 현재 유행을 타는 것에 민감하게 변화를 관찰하며, 그 흐름에 맞춰 사업을 진행할 필요가 있다. 트렌드는 시장의 전반적인 방향성을 보여준다. 대다수의 많은 사람들이 관심 갖고 있는 것이 무엇인지 체크해야 한다. 장기적으로 사업의 규모를 늘리고 싶다면 대중의 관심사를 예의주시하자. 당장 유행하는 1년의 변화와 5년 후 또는 10년 후까지의 큰 흐름을 내다볼 수 있는 안목을 키우자. 트렌드 관련 정보는 보통 연말이나 연초에 나오며, 무료나 적은 비용으로 쉽게 구할 수 있다. 정기적으로 나오는 트렌드 책과 트렌드 리포트를 주기적으로 체크하자. 트렌드를 얼마나 적절하게 사업에 적용하느냐에 따라서 돈 버는 속도와 크기가 달라진다.

『트렌드 코리아 2020』에서 김난도 교수는 소비 트렌드의 가장 중요한 세 축으로 '세분화', '양면성', 그리고 '성장'을 꼽았다. 매 순간 다른 사람으로 변신하는 소비자들의 선호를 따라잡기 위해 '특화'는 생존의 조건으로 거듭났다. 고객과의 마지막 접점에서 만족도가 중요해짐에 따라 구매 결정 기준이 세밀화됐다.

가이드 | 트렌트 관련 정보 리스트

- 나스미디어 나스리포트 www.nasmedia.co.kr/나스리포트/정기보고서/
- 메조미디어 인사이트_M (미디어 트렌드) www.mezzomedia.co.kr/insight_m
- 굿데이터코퍼레이션 (TV화제성 탑텐) www.gooddata.co.kr/home/
- 영화 박스오피스 순위, 도서 베스트셀러, 음원 차트, 드라마 & 예능 시청률 순위 참고
- 매년 나오는 트렌드 책 읽기 (트렌드 코리아 2020, 김난도 외)
- 정기적으로 요즘 뜨는 화제성 인물, 키워드 체크하기

하나의 물건을 오래 소유하기보다 다양한 경험을 그때그때 즐기고자 하는 성향이 강조되면서 스트리밍이 전반적으로 확장되고 있다. 요즘에는 음악과 영상을 다운받지 않는다. 월정액을 끊어서 구독하고, 실시간 플레이를 하는 것에 익숙해졌다. 이와 관련된 사업은 대표적으로 '멜론'과 '넷플릭스'를 들 수 있다. 이런 세분화가 가능해진 것은 데이터와 인공지능 알고리즘을 기반으로 하는 '초 개인화 기술'이 뒷받침되었기 때문이다.

1인 중심 사회가 되면서 나의 경험과 취향에 아낌없이 투자하는 성향은 더욱 보편화되고 있다. 이에 맞춰 특정 집단이 몰리는 1인 미디어와 세포 마켓이 활성화 될 전망이라고 한다. 이렇게 매년 『트렌드 코리아』만 꼼꼼히 읽어도 전반적인 유행 흐름을 파악할 수 있다. 지금 유행하는 트렌드 중에서 사업적으로 활용 가능한 핵심 키워드를 뽑아서 정리하자. 그 다음 검색해서 좀 더 깊게 소비 트렌드 정보를 찾아서 사업에 적용시키면 된다.

예를 들어, 아기의 백일잔치를 위해 엄마의 취향에 맞춰 간단하게 제작 가능한 DIY 세트를 판매할 수도 있다. 이와 함께 소유보다는 경험에 가치를 두는 요즘 사람들의 트렌드에 맞춰서, 백일 잔치 드레스와 백일잔치 상차림은 판매 대신 대여하는 사업을 진행할 수도 있다. 이때 백일잔치를 하는 수요를 알아보고, 경쟁사에서 공급되고 있는 상품 수와 품질도 같이 체크하자.

점차 출산율이 낮아지고 있다. 그래서 상대적으로 아이의 기념일이 특별해졌다. 아기가 태어난 지 백일이 된 것을 축하하고, 기념하고 싶은 사람들의 마음은 변하지 않았다. 다만 트렌드에 맞춰 표현하는 방식이 시간을 아끼고, 편리성을 돕는 상품 구성과 서비스로 진화했다. 시장과 소비자를 잘 관찰해서 그들이 필요한 것이 무엇인지 찾아보자. 그리고 미래 시장성도 체크하자. 어떻게 하면 효과적으로 소비자를 도와줄지 생각해서 그것을 온라인 쇼핑몰에서 팔아라. 가치 있는 아이템을 판매한 대가로 그에 합당한 돈을 받으면 된다. 사업과 연결해서 주변을 관찰해라. 이런 관심들은 사업에 큰 영감을 줄 것이다.

초보도 가능한 쇼핑몰 브랜드 명 만들기

온라인에서 상품을 판매할 때 한 가지 더 필요한 것이 있다. 그것은 바로 '쇼핑몰 이름 짓기'이다. 이때, 세 가지 S만 기억하면 브랜드 명을 짓는 것이 훨씬 더 수월해진다. 첫 번째는 S는 숏Short이다. 브랜드 명은 짧으면 좋다. 그 다음 S는 스페셜special이다. 브랜드 명은 특별해야 한다. 마지막 S는 서치Search이다. 사용하고 싶은 브랜드 명을 검색해보는 것을 추천한다.

숏

먼저 사용할 쇼핑몰의 브랜드 명이 너무 길면 안 된다. 너무

긴 브랜드 명은 말하고 쓰는 것도 불편하고, 고객이 기억하기 어렵기 때문이다. 사람들은 보통 세네 글자 수로 짧은 쇼핑몰 이름을 선호한다. 길어도 다섯 글자 안에 들어가도록 브랜드 명을 짓는 것을 추천한다.

스페셜

브랜드 명은 특별해야 한다. 너무 일반적인 단어를 사용하면 검색을 했을 때 온라인 상에서 묻히는 경우가 있다. 그리고 조금은 특이한 단어가 들어갔을 때 기억하기가 훨씬 쉽다. 어떻게 하면 브랜드 명을 특별하게 지을 수 있을지에 대해 고민해보길 바란다. 예를 들면 자신의 외국 이름이나 별명을 인용해도 좋다. 자신의 이름과 짧은 영어 단어를 합쳐도 좋고, 이국적인 느낌으로 프랑스어, 스페인어 등을 섞어 보는 것도 괜찮다.

서치

마지막으로 무조건 검색을 해봐야 한다. 브랜드 명을 짧고 특별하게 지었는데, 검색해보니 이미 다른 쇼핑몰에서 사용하고 있거나 독보적인 존재가 있다면 피하길 바란다. 온라인 쇼핑몰을 준비하는 분들이 생각보다 검색을 하지 않고 브랜드 명을 지어서 시작하는 경우가 많다. 그랬을 때 중복되는 사업체가 있으면 인지도를 높이기 위해 이미지 싸움을 해야 하고, 경쟁 구도로 인해 힘이 빠질 수도 있다. 그렇기 때문에 브랜드 명을 검색한 후 이상이 없을 때 사용하는 것을 권장한다. 네이버에서 검색하고, 추가로 구글(유튜브), 인스타그램까지 체크하길 바란다.

요즘 같은 글로벌 시대에는 나의 브랜드가 해외에서도 판매될 수 있다는 가정하에 출발해야 한다. 우리가 자주 사용하는 유튜브, 인스타그램만 해도 외국인과 외국 상품을 접하는 것이 익숙해졌다. 나의 콘텐츠와 상품 역시 외국인들에게 충분히 판매될 가능성이 있는 것이다. 처음부터 브랜드 명을 영어로 사용이 가능하게 만들면 좋다.

온라인 쇼핑몰 사업의 경쟁에서 벗어나기 위해 반드시 필요한 것이 바로 '브랜딩'이다. 브랜딩은 고객의 머리에서 시작해서 감정적으로 느끼며 계속 축적되어 떠오르는 특정 브랜드의 가치와 이미지이다. 내가 판매하는 제품을 어떻게 하면 잘 브랜딩할 수 있을까? 차별화된 컨셉을 고객에게 잘 인지되도록 효과적으로 알리는 것이 중요하다. 대표적으로 브랜딩이 잘 되어 있는 것이 '애플'이다. 애플은 단순히 스마트폰을 파는 것이 아니다. 그 이상의 '특별한 다름'의 가치를 부여한다.

또한 특색 있는 '톤 앤 매너Tone & Manner'가 있으면 좋다. 톤 앤 매너는 작업물에 대한 색상적 분위기나 방향성을 소비자에게 전달하고, 표현하는 방법에 관한 전반적인 것을 뜻한다. 컬러감, 공간의 배치, 모델의 표정, 폰트 스타일에 따라서 쇼핑몰의 전반적인 분위기가 형성된다. 보통 핵심 고객의 연령대, 성별, 추구하는 라이프 스타일에 따라 좋아하는 쇼핑몰 스타일이 달라지는 편이다.

그리고 기본적으로 분위기를 잘 파악해야 한다. 내가 운영할 쇼핑몰은 발랄한가? 재미있는가? 친근한가? 화려한가? 도시적인가? 편안한가? 럭셔리한가? 심플한가? 엔틱한가? 자연 친화적인가? 감성적인가? 딱딱한가? 부드러운가? 등의 콘셉트를 정해서 이에 맞는 컬러를 뽑으면 좋다. 예를 들어, 모던한 분위기를 원하면 블랙이나 그레이 컬러로 차분하고 심플하게 콘셉트를 구성한다. 레트로 분위기라면, 과거의 기억을 그리워하면서 그 시절로 돌아가려는 복고풍으로 원색의 화려한 컬러를 넣어도 좋다. 초보의 입장에서 브랜딩을 하는 것이 어려울 수 있지만, 경쟁력을 위해서 반드시 자신만의 브랜딩을 키우길 바란다.

사업자 등록증을 내기 전 엄마의 체크 사항

처음에는 사업자 등록증 없이도 온라인 쇼핑몰 운영이 가능하다. 네이버 스마트스토어는 사업자가 아니라도 개설할 수 있다. 개인 판매 회원으로 진행하다가 이후에 판매가 발생하면 사업자 판매 회원으로 전환하면 된다. 다만, 도매처에서 거래할 때 사업자 등록증 번호와 사본을 요청하는 경우가 많아서 상품 소싱할 때 제약이 생길 수 있다. 현재 회사를 다녀서 겸업 금지 조항이 있다면 어쩔 수 없지만, 가능하다면 처음부터 사업자 등록증 내는 것을 추천한다. 본인이 어렵다면, 가족 중에서 사업자 등록이 가능한 사람과 동업하는 방법도 있다.

나의 경우, 온라인 쇼핑몰을 열기로 결심하고 바로 사업자 등록증을 냈다. 딸아이를 어린이집에 보낼 시기였기 때문에 하루라도 빨리 맞벌이 기준으로 어린이집을 신청하는 것이 유리했기 때문이다. 전업주부의 입장에서 아이를 어린이집에 보낼 때, 사업자 등록증이 있을 경우 장점이 두 가지가 있다. 첫 번째는 맞벌이 기준으로 추가적인 비용 부담 없이 늦게까지 아이를 맡길 수 있다. 두 번째는 국공립 어린이집을 대기로 신청할 때 좀 더 큰 점수로 당첨될 가능성을 높일 수 있다는 점이다.

현재 어린이집에 다니고 있거나, 앞으로 다닐 예정인 아이를 키우는 엄마라면 사업자 등록증 내는 것을 진지하게 고민해보길 바란다. 사업자 등록증을 낸 후 매출이 없거나 수입이 적어도 맞벌이 기준에 해당되니 크게 부담 갖지 않아도 된다. 결과적으로 나는 우리 딸을 국공립 어린이집에 보내면서 편한 시간에 데리고 왔다. 확실히 사업자 등록증을 내고 본격적으로 온라인 쇼핑몰을 운영하게 되면, 마음가짐도 더 진지하게 바뀌게 된다.

ON 가이드 | **사업자 등록증 신고 절차(온라인)**

- 국세청 홈택스(www.hometax.go.kr) 로그인(공인인증서)
- 상단의 [신청/제출] → 사업자 등록 신청(개인) 클릭
- 인적 사항 입력 (상호 명 = 스토어 명) / (사업장이 없을 경우 집 주소 입력)
- 업종 선택: 전자 상거래 소매업
- 사업자 유형: [간이] 선택 (연 매출 4,800만 원이 넘으면 일반 과세로 자동 수정 됨)

사업자 등록증 등록은 생각보다 간편하다. 온라인에서도 쉽게 신청이 가능하다. 공인 인증서만 있으면, 홈택스 홈페이지에서 신청할 수 있다. 또한, 직접 세무서에 가서 신청할 수도 있다. 이때 신분증을 갖고 '사업자 등록 신청서'를 작성하면 세무서에서 처리해준다. 업종은 '전자 상거래 소매업'으로 한다. 그리고 국가에서 일반 과세에 비해 간이 과세에게 세금 혜택을 주기 때문에 사업자 유형은 '간이'로 체크하는 것을 추천한다. 연 매출 4,800만 원이 넘으면 일반 과세로 자동 변경이 된다.

네이버 스마트스토어를 운영하기 위해서는 통신 판매업 신고도 추가로 신청해야 한다. 이때 필요한 서류는 사업자 등록증, 구매 안전 서비스 이용 확인증(스마트스토어를 개설하면 다운로드 가능), 신분증, 이렇게 세 가지가 필요하다. 통신 판매업 신고는 민원24 홈페이지에서 신청이 가능하다. 처리 완료 문자가 오면, 관할 구청 및 시청의 일자리 경제과를 방문하여 통신 판매업 신고증을 수령하면 된다.

스마트스토어를 처음 시작할 때 주의할 점

상품을 판매하기 위해서는 오프라인에 가게가 있는 것처럼 온라인에서도 나의 가게(마켓)가 필요하다. 즉, 어디에서 온라인 스토어를 시작할지를 먼저 정해야 한다. 대표적으로 세 가지 방법이 있다. 첫 번째는 '오픈마켓'이다. 쿠팡, 위메프, G마켓, 11번가, 네이버 스마트스토어 등이 있다. 스토어의 입점 가입비는 무료이나 판매된 방식과 상품 가격에 맞춰 수수료를 내야 한다. 또한 정산 주기가 있어서 현금 흐름을 관리하는 것이 중요하다.

두 번째는 '공구마켓'이다. SNS 자체 플랫폼을 활용해서 마켓을 열 수 있다. 일정 기간 동안 마켓에 물건을 올리고 홍보해서 고객들에게 주문을 받은 후 일괄적으로 한번에 배송을 하는 비정기적인 게릴라성 판매 방식이다. 이때, SNS 팔로워 수가 어느 정도 확보가 된 상태에서 진행하면 더 효과적이다.

세 번째는 '자사몰 운영'이다. 사실, 처음부터 자사몰 운영을 추천하고 싶지는 않다. 왜냐하면 자사몰의 경우 신경 써야 할 부분이 많기 때문이다. 자사몰 자체의 컨셉은 명확할수록 좋고, 홈페이지를 만드는 제작 비용과 유지 보수 비용이 들어간다. 주문 시 결제 시스템을 사용할 때도 추가 비용이 든다. 무엇보다 고객들을 유입 시키려면 광고비를 필수적으로 써야 한다. 그래서 자사몰의 경우 어느 정도 여유 자금이 있거나, 먼저 스마트스토어를 하다가 안정적인 수입을 확보한 후 나중에 진행해도 늦지 않다.

우리는 처음에 오픈마켓 중에서 네이버 스마트스토어를 진행할 것이다. 초보자가 부업처럼 작게 사업을 시작하기에는 네이버 스마트스토어만한 것이 없기 때문이다.

빠르다

네이버에서 간편하게 가입만 하면, 바로 마켓을 열 수 있다. 과정도 그렇게 까다롭지 않고, 누구나 빠르게 온라인 마켓을 시작할 수 있다. 스토어를 개설할 때, 가입비는 없다. 무료로 온라인에서 나의 가게를 열 수 있다는 것은 큰 장점이다. 오프라인 가게의 경우 좋은 위치와 저렴한 월세를 찾아서 부동산을 여러 번 다녀야 한다. 거기에 계약금과 함께 다달이 월세도 내야 한다. 하지만 온라인 마켓은 그런 고려 없이도 빠르게 열 수 있다.

쉽다

네이버 블로그를 할 줄 안다면, 스마트스토어 운영도 쉽게 할 수 있다. 상세 페이지 양식이 블로그 포스팅을 하는 양식과 똑같기 때문이다. 전문적인 포토샵 기술이 없어도 사진을 넣고 글을 쓸 수 있다면 좀 더 쉽게 상품을 등록할 수 있다. 오히려 네이버에서는 통으로 된 한 장의 긴 포토샵 이미지보다 '사진-글-사진-글' 스타일을 선호한다. 초보자라도 누구나 쉽게 상세 페이지를 꾸미고, 상품을 올릴 수 있다.

저렴하다

온라인 결제 수수료가 다른 곳보다 훨씬 저렴하며, 정산 주기도 빠른 편이다. 오픈 마켓의 수수료는 보통 매출의 15% 내외이다. 하지만 스마트스토어는 최대 6%를 넘지 않는다. 예를 들어 100만 원의 매출이 나왔다고 가정해보자. 이 경우, 다른 오픈마켓에서는 약 15만 원 정도의 수수료를 지불해야 한다. 반면에 스마트스토어는 최대 6만 원 정도의 수수료만 내면 된다. 판매가 늘어서 매출이 1,000만 원이 될 경우 수수료는 각각 다른 오픈마켓 150만 원, 스마트스토어 60만 원이 되는 것이다. 스마트스토어의 경우, 정산 금액은 판매 상품의 구매 확정 후 1영업일이 되는 날 받을 수 있다. 기간별이 아닌 주문 건당 구매 확정이 되면 정산이 진행되기 때문에 현금의 흐름도 좋다.

네이버와 연동이 된다

온라인 쇼핑을 할 때 아직까지는 네이버에서 상품을 사는 경우가 많다. 네이버에서 상품을 구매하려고 검색을 하면 검색 결과에 스마트스토어 상품들이 자연스럽게 연동된다. 광고를 하지 않아도 네이버에 상위 노출이 가능하다는 것은 정말 큰 장점이다. 키워드와 상품 이미지, 상세페이지 구성만 잘 해도 광고비 없이 홍보 효과를 낼 수 있다. 네이버 연동으로 고객들이 검색을 통해 스마트스토어로 유입되면 판매가 수월해진다.

스마트스토어를 처음 시작할 때 주의점이 있다. 자신이 운영하는 쇼핑몰과 상품이 저작권과 상표권에 위배되지 않아야 한다.

대표적으로 연예인 사진을 쓰거나 캐릭터 상품을 판매할 때 문제가 될 수 있다. 관련 내용을 몰랐다고 해도 허락 없이 무단으로 사용하다가 적발되면 벌금을 물 수 있다. 이와 관련해서는 한국저작권위원회 홈페이지와 상담 센터 전화를 통해 미리 확인해야 한다.

요즘에는 온라인에 양질의 스마트스토어 강의가 많다. 우선 무료로 스마트스토어 강의를 듣는 방법을 찾아보자. 네이버 자체에서 운영하는 강의 플랫폼 네이버 파트너스퀘어 온라인 아카데미(edwith.org)와 유튜브에서도 정보를 얻을 수 있다. 조금 더 고급 정보가 필요하다면, 그때 고가의 강의를 찾아서 들어도 늦지 않다. 대신 유료 강의는 값어치 이상의 결과를 뽑는다는 마음으로 듣자. 아무리 좋은 강의라고 해도 그것을 듣고 제대로 활용하지 못하면 가치가 없다. 그러니 부디 더 좋은 정보가 있을 거라는 기대만으로 책과 강의를 찾아 헤매느라 실행을 뒤로 미루지 말기를 바란다. 직접 상품을 올리고 판매를 하면서 경험치를 쌓아보자.

상위 노출, 검색 잘 되는 상품명 키워드

네이버 스마트스토어에서 상품을 판매할 때 가장 중요한 것은 소비자가 상품을 검색했을 때 판매하는 제품이 상단에 노출되는 일이다. 이를 '상위 노출'이라고 하는데 SEO(검색 엔진 최적화)를 통해 이용이 가능하다. 광고 비용을 내지 않고도 무료로 소비자들의 유입을 만들어낼 수 있다. 스마트스토어에서 상품명 키워드를 정할 때 경쟁률이 제일 낮지만 그 중에서 검색량은 가장 높은 키워드를 찾아서 메인과 서브 상품 명을 적절하게 조합하면 된다.

고객들은 상품명 키워드를 검색해서 스마트스토어로 유입된다. 예를 들어서 네이버 포털사이트에 들어가서 [마스크]라고 검색한다. 네이버 포털사이트와 연동된 네이버 쇼핑에 들어간 후

마스크와 관련된 상품들을 살펴보게 된다. 이때 광고비를 낸 상품과 SEO(검색 엔진 최적화) 점수가 높은 상품이 상위 노출되어서 보인다. 상품을 구매하려는 고객은 보통 한두 페이지 안에서 상품을 선택하고 구매하기 때문에 많은 스토어들이 상단 위쪽에 위치하려고 경쟁한다. 이때, 자동 완성 키워드와 쇼핑 연관 키워드를 참고해 [일회용 마스크 50매]처럼 세부 키워드도 같이 넣어주면 좋다.

웨어이즈포스트의 '셀러마스터(whereispost.com/seller/)' 사이트는 상품 키워드를 효과적으로 찾는 데 도움을 주는 도구이다. 셀러마스터를 잘 활용하면, 경쟁이 적은 상품 키워드를 찾을 수 있다. 셀러마스트 페이지에서 키워드를 검색하면, PC · 모바일의 검색량과 상품 수 대비 경쟁률을 알 수 있다. 이때, 비율은 상품 수 대비 키워드의 월간 조회 수의 숫자가 낮을수록 좋다. 해당 키워드와 관련된 연관 키워드도 같이 나오니 참고하길 바란다.

상품명은 중복된 단어, 상품과 관련 없는 키워드, 할인 정보 등을 제외하고 50자 내로 간결하게 작성해야 한다. 네이버 자체에서는 꼭 필요한 정보를 제공하는 것을 선호한다. 그렇게 때문에 잘못된 상품명은 어뷰징(불법적인 이익을 취하는 행위)으로 인식되며 검색에서 불이익을 받게 된다. 배송, 할인, 주문, 판매 조건, 가격 관련 문구를 상품명에 삽입하거나 영어, 한글 외의 다른 언어 및 특수 문자를 사용하는 것도 지양해야 한다.

가이드 | 네이버 쇼핑 검색 랭킹 구성 요소

- 적합도: 사용자의 검색 의도에 적합한 상품(상품명 / 카테고리 / 제조사와 브랜드 / 속성과 태그)
- 인기도: 많이 찾고 많이 판매되는 상품(클릭 수와 찜 수 / 판매 실적 / 리뷰 수 / 최신성)
- 신뢰도: 상품 정보가 신뢰할 수 있는 상품(상품명 SEO / 네이버 쇼핑 페널티)

상품명 키워드가 네이버 상위 노출에 영향을 주는 것은 맞지만, 상품명 하나에만 너무 정성을 쏟는 것도 옳지 않다. SEO 가이드를 기본적으로 참고하는 것은 초심자의 입장에서는 괜찮다. 그러나 이것에만 맹목적으로 몰두해서는 안 된다. 네이버 SEO 외에 또 다른 상위 노출 방법을 찾아야 한다. SNS 홍보처럼 외부 유입이 가능하면 훨씬 유리하다. 판매 경로를 확장할 수 있는 마케팅이 필요하며, 장기적인 안목으로 브랜딩도 해야 한다.

네이버 검색 광고와 쇼핑 광고, 페이스북과 인스타그램 광고, 그리고 구글 광고들도 시도해보는 것이 좋다. 여기에 자체적인 SNS 콘텐츠를 활용하는 방법도 있다. 마케팅을 잘 하게 되면, 어떤 플랫폼에서 판매를 해도 효과적인 성과를 낼 수 있다. 물론 본질적으로 상품의 품질이 중요하지만, 심리적 만족도를 높이는 부분도 점차 기여도가 높아지고 있다. 가격 대비 성능을 보는 '가성비'에서 취향 저격의 '가심비'로 변화된 소비 형태에 맞춰 유연하게 발전시키자.

주문을 부르는 상세 페이지 꾸미기

네이버 스마트스토어의 상세 페이지를 처음 작성할 때, 어떻게 해야 할지 엄청 막막할 것이다. 나 역시 그랬다. 누구나 상세 페이지를 올린다는 것 자체에 어려움을 느낀다. 아무것도 없는 무에서 유를 창조하는 작업은 늘 힘들다. 이럴 땐 벤치마킹이 필요하다. 내가 올리려고 하는 상품의 카테고리에서 이미 잘 팔리고 있는 다른 스마트스토어의 상세 페이지를 보면 도움이 된다. 상위 노출이 잘 되어 있는 경쟁사 세네 개의 상세 페이지를 띄어 놓고 참고하자. 절대로 똑같이 따라 하면 안 된다. 여러 가지를 조합해서 비슷한 특징을 뽑은 후 나만의 차별화된 포인트를 추가로 넣어야 한다.

이미지

상품 콘셉트에 잘 맞는 이미지를 작업하여 올리는 것이 중요하다. 예를 들어 푸드 관련 상품을 판다면 음식 사진이 맛있어 보여야 한다. 패션 의류 상품을 판매할 때는 옷을 입었을 때 예뻐 보이게 올려야 한다. 이것이 기본 중의 기본이다. 다양하게 활용할 수 있는 연출 컷과 상품 자체의 정보를 알려주는 상품 컷 사진들을 같이 올리자.

최근에는 동영상과 움직이는 사진(움짤 GIF)을 선호하는 추세이기 때문에 상세 페이지의 맨 처음 상단에 올리면 효과적이다. 작은 모바일 화면에서 눈에 띄도록 이미지를 보정하는 것이 중요해졌다. 이때 네이버는 통 이미지 한 장보다는 사진-글-사진-글 형태로 블로그 포스팅 스타일을 선호한다는 점을 참고하길 바란다.

다양한 혜택

소비자가 상품을 구매했을 때 받을 수 있는 다양한 혜택을 상세 페이지 상단에 넣어주면 좋다. 스마트스토어의 스토어찜을 하면 할인 혜택을 주는 쿠폰을 넣어보자. 이때 조건을 달아주는 것이 중요하다. 예를 들어, 5만 원 이상 구매 시 1,000원 할인 쿠폰이라고 조건을 달아주는 것이다. 할인 금액은 판매자가 부담해야 하지만 1,000원 할인 혜택을 고객에게 주면 스토어찜 수가 늘어난다. 한 개의 단품을 사는 대신 두 개 이상을 추가해서 묶음 구매를 유도할 수 있는 장점도 있다.

그리고 조건부 무료 배송 혜택을 주는 것도 효과가 있다. 이 혜택 역시, 5만 원 이상 구매 시 무료 배송 조건을 달아주면 된다. 이 밖에도 사은품을 증정한다거나 1+1 이벤트를 넣어주면 다른 상품까지도 추가 판매가 가능하니 적극적으로 활용해보자. 만약 당일 배송이 가능한 상품이라면 당일 배송에 대한 정보를 넣는 것도 좋다. 다만 당일 배송의 경우, 일정에 대한 부담감이 생기므로 신중하게 생각하고 혜택을 올려야 한다.

추가 상품 홍보

상품 홍보 역시, 상세 페이지 안에 잘 담는 것이 중요하다. 예를 들어 패션 의류를 판매하고 있는데 '원피스' 상품을 올린다면 어떻게 해야 할까? 해당 원피스와 같이 코디한 '가방'과 '자켓' 상품을 추가로 홍보해서 같이 구매할 수 있도록 유도할 수 있다. 또한 지금 잘 팔리고 있는 '원피스 베스트 모음'을 기획해 URL링크

가이드 | 상세 페이지에 활용하면 좋은 앱과 사이트

동영상 편집 앱(일부 유료)

- VLLO 블로, 키네마스터

사진 보정 무료 앱

- 스노우 (사진 촬영 & 보정 가능), 스냅시드

무료 이미지 사이트

- 픽사베이 pixabay.com
- 언스플래시 unsplash.com

무료 움짤 GIF 만들기 사이트

- EZGIF(동영상&사진 변환) ezgif.com

무료 상업용 한글 폰트 모음 사이트

- 눈누 noonnu.cc

무료 디자인 템플릿 사이트(일부 유료)

- 미리캔버스 www.miricanvas.com
- 망고보드 www.mangoboard.net

재능 공유 플랫폼 및 디자인 의뢰 사이트(유료)

- 숨고 soomgo.com
- 크몽 kmong.com

를 상세 페이지 하단에 걸어서 다른 원피스 상품들을 함께 소개하는 것도 가능하다.

결국 고객의 마음을 사로잡는 상세 페이지가 주문을 부른다. 상세 페이지 도입 부분을 임팩트 있게 꾸며보자. 중요한 내용을 두괄식으로 배치하여 상품을 클릭해서 들어온 고객이 다음 내용이 궁금해서 스크롤을 내리게 하는 심리전이 핵심이다. 고객의 입장에서 상품의 필요성을 부각시키고, 궁금한 부분을 알기 쉽게 설명하자. 상품의 매력 포인트를 잘 녹여내어 고객이 구매하고 싶게 가독성을 높여야 한다. 그렇게 만들기 위해서는 동영상 편집과 사진 보정, 디자인 템플릿 등의 도구를 활용해 나만의 차별화 된 경쟁력을 키우는 것이 중요하다. 상세 페이지를 혼자 꾸미기 어렵다면, 재능 공유 플랫폼을 통해 전문가를 찾아서 디자인을 개별 의뢰할 수도 있다.

심플하게 끝내는 고객 상담 노하우

고객 응대는 매우 낯선 영역이다. 나도 처음에는 CS 때문에 스트레스를 많이 받았지만 지금은 어느 정도 적응을 했다. 컴플레인이 들어왔을 때 스스로 원칙을 정해서 고객을 상담하면 생각보다 심플하게 CS를 처리할 수 있다. 먼저 쇼핑몰에 CS가 가능한 시간을 공지한다. 그 다음 컴플레인 건은 '네이버 톡톡(채팅) 문의'로 유도한다. 자주 질문하는 내용은 매뉴얼화 해서 답변한다. 대표 전화번호는 듀얼 넘버를 두어 개인 연락처와 구분해서 관리한다.

쇼핑몰을 하다 보면 아주 가끔, 상품에 대한 컴플레인을 거는 고객이 생긴다. 그때는 너무 많은 에너지를 쏟지 말고, 깔끔하게 환불 처리하는 방향으로 진행하자. 판매 과정에서 잘못된 부분이 있다면 사과하고, 인정하는 것이 맞다. 최대한 빠르게 고객의 불편함을 해결하는 것이 우선이다. 늦지 않게 24시간 안으로 답변하면 된다. 의류 쇼핑몰을 운영하면 고객들이 가장 많이 하는 질문은 다음의 두 가지다.

"언제 배송되나요?", "사이즈는 어떤가요?"

언제 배송되는지에 대한 고객의 궁금증에는 평균적인 배송 기간을 안내한다. 나는 상품의 재고를 최소화하기 위해 주문이 들어오면 사입과 위탁 배송을 진행했다. 그래서 배송이 늦어지는 편이라고 미리 상세 페이지에 안내를 공지했다. 빨리 제품을 받고 싶은 고객이라면, 차라리 주문하지 않는 것을 추천했다. 주문에 임박해서 배송을 하려고 했다가, 만약 약속이 지켜지지 않는다면 신뢰도 면에서도 좋지 않다고 생각했기 때문이다. 주문이 들어오면 최선을 다해 빠르게 보내려고 노력한다. 하지만 도매처에 상품이 들어오지 않은 경우도 있다. 그래서 여유를 갖고 주문 가능하신 분들만 주문해달라고 요청했다. 그렇게 하니 스트레스가 줄어들고 고객 상담도 훨씬 수월해졌다.

사이즈의 경우, 몸무게와 평상시에 입는 사이즈를 기반으로 추천했다. S, M 사이즈를 고민한다면 넉넉한 사이즈를 추천하는 편이다. 내 기준에서는 옷이 작으면 못 입지만, 넉넉하면 입을 수 있다고 생각했다. 상품 사이즈에 대한 설명 후 결국 선택은 고객의 몫이라고 마무리 멘트를 한다. 이렇게 많이 질문하는 두 가지

가이드 | CS 응대를 위한 추천 시스템

스마트스토어 CS는 네이버 톡톡

네이버 톡톡은 온라인 메신저로 고객과 채팅 상담이 가능한 시스템이다. 고객들도 전화 통화에 부담을 느낀다. 그렇기 때문에 간단한 문의 사항은 네이버 톡톡으로 처리할 수 있다. 뿐만 아니라, 스마트스토어의 이벤트 알림도 가능하기 때문에 홍보 수단으로 활용할 수 있다.

쇼핑몰 대표 번호는 아톡 vs 듀얼넘버 vs 모두비즈넘버

스마트스토어의 대표 전화번호를 등록해야 한다. 이때 개인의 휴대폰 번호를 등록하면 모르는 전화를 받을 때 곤란하다. 그래서 개인용 전화번호와 업무용 전화번호를 따로 쓰는 것을 추천한다.

- 아톡(유료): 아톡이라는 앱을 설치하여 사용할 수 있다. 단, 070으로 시작되는 번호를 써야 한다.
- 듀얼넘버(유료): 듀얼넘버는 통신사 서비스로 스마트폰 하나에 010 번호를 한 개 더 추가할 수 있다.
- 모두 비즈넘버(무료): 네이버 모두 사이트를 통해 0507으로 시작하는 비즈넘버를 받을 수 있다.

에 대해 메뉴얼화해서 정리한다. 그 내용을 따로 저장해서 복사와 붙여넣기를 한다. 그리고 고객 문의가 오면 조금씩 수정해서 답변하면 된다.

CS의 경우는 전화 통화보다는 '네이버 톡톡(채팅)' 위주로 일정한 상담 시간을 정해놓고 진행하면 좋다. 나는 밤에는 CS 응대를 하지 않기로 원칙을 정했다. 처음 쇼핑몰을 시작할 때는 이런 원칙을 세워놓지 않았다. 저녁 늦게까지 고객 문의에 답변하느라 스마트폰을 붙잡고 있었다. 그렇다 보니 가족과의 시간에 집중하지 못했다.

디지털 노마드의 경우, 일상과 직업을 분리해놓지 않으면 하루 종일 원치 않는 일만 하게 될 수 있다. 그래서 일할 시간을 정해놓는 것을 꼭 추천한다. 그렇게 하면 훨씬 더 효과적이고 자유로운 삶을 살 수 있게 된다. 아침에 남편이 출근하고, 아이가 어린이집에 가면 한번에 몰아서 주문과 CS 답변을 해도 문제는 없다. 그것이 지치지 않고, 장기적으로 사업을 성장시키는 노하우이다. 고객 상담도 생각보다 심플하게 끝낼 수 있다.

SNS로 돈 버는 인스타그램 공구

"친구야, 너 혹시 인스타그램 하니?"

"하고 있지. 근데 왜?"

"나 좀 알려줄래? 어떻게 해야 할지 막막해서."

"응, 그럼 이번 주말에 우리 집에 놀러 와! 내가 하는 방법 알려줄게."

"고맙다. 친구야! 진짜 너 밖에 없다."

2016년 가을, 인스타그램을 처음 시작했다. 오랜 기간 경력이 단절된 채로 아이를 키우느라 SNS는 늘 관심 밖이었다. 그래도 전직 온라인 마케터였으니까 바로 인스타그램을 할 수 있을 거라고 생각했다. 그런데 인스타그램은 내가 회사 다닐 때는 없었던 플랫폼이라 그런지 감이 잘 잡히지 않았다. 오픈 마켓에서 마케터로 일하는 친구에게 인스타그램을 하는 방법을 알려달라고 부탁했다. 그렇게 인스타그램의 '인'자도 모른 상태로 도전했다.

처음 온라인 쇼핑몰을 시작했을 때 네이버 스마트스토어로 시작하지 않았다. 처음에는 공동 구매(공구)로 하는 SNS 마켓을 열었다. 그 이유는 SNS에 사진만 올리면 되기 때문에 왕초보가 도전해볼만 했기 때문이다. 무엇보다 옆에서 인스타그램으로 월급 이상의 돈을 번 또래 엄마를 보니 엄청난 동기 부여가 됐다. 비정기적으로 진행하는 공구 방식이라 부담도 적었다. 다만 온라인으로 일상을 공개하며 소통하는 것에 익숙해져야 했다.

인스타그램 공구 방식

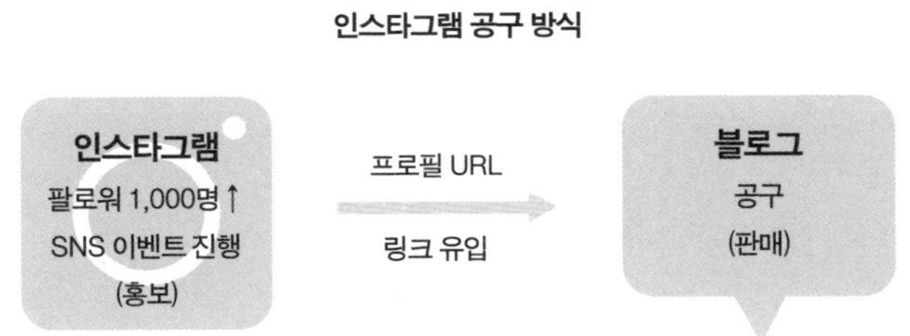

내가 진행한 것은 인스타그램에 상품을 홍보하고, 블로그 마켓으로 고객을 유입해서 상품을 판매하는 방법이었다. 지금도 이러한 방식으로 공구마켓을 하는 곳이 많으니 참고해보자. 인스타그램에서 [#공구 #공구마켓 #공동구매]라고 검색하면 관련 계정

들을 쉽게 찾아볼 수 있다. 그들이 어떻게 인스타그램에 상품을 올려서 홍보하고, 블로그 또는 스토어에 어떤 식으로 공구를 진행하는지 살펴보면 도움이 될 것이다. 그 중에 괜찮은 곳은 리스트를 만들어서 정기적으로 체크하자.

나의 경우 먼저, 인스타그램 팔로워 수를 3,000명 정도 만든 후 블로그에 공구마켓을 진행했다. 팔로워 수를 빠르게 늘리기 위해 처음부터 적극적으로 활동했다. 아기 엄마들을 상대로 인친을 늘려갔다. '인친'이란 '인스타그램의 친구'를 줄여서 쓰는 말이다. 즉, 인스타그램의 특징은 친구처럼 일상을 공유하는 SNS 플랫폼의 성격이 강하다. 그래서 상업적인 사진 대신, 딸아이의 사진과 영상을 꾸준히 올렸고, 댓글로 자주 소통했다. 마켓을 시작하기 전에는 나의 상품을 살 고객들과 좋은 관계를 맺는 과정이 필요하다. 그 이후에는 리그램 이벤트로 고객들을 유입시켜서 상품을 판매하면 된다. 적어도 인스타그램의 팔로워 수를 1,000명 이상 만들고 나서 마켓을 진행하는 것을 추천한다.

우선은 1,000명을 목표로 팔로워 수를 늘려보자. 동시에 벤치마킹하면 좋은 인스타그램 계정들을 분석하고, 공구 때 판매할 상품 소싱을 준비해야 한다. SNS 마켓의 가장 큰 장점은 내 시간에 맞춰 특정 기간에 상품 판매를 진행할 수 있다는 점이다. 예를 들어, 일주일간 공구를 열면 고객이 블로그 댓글이나 오피스폼으로 주문한다. 고객이 비용을 선 입금하면, 공구 기간이 종료된 후 일괄적으로 한번에 상품을 후 발송하면 된다. 중간에 유통 플랫폼 없이 고객에게 바로 돈을 받고, 나중에 상품을 보내는 구조이다. 그래서 무엇보다 판매자와 고객과의 신뢰가 정말 중요하다.

네이버 스마트스토어를 진행하기 전에 먼저 SNS 마켓을 해보는 것도 괜찮다. 공동구매로 SNS 마켓을 하다가 자연스럽게 스마트스토어로 넘어가는 것이다. 이때 이벤트도 같이 진행하면 좋다. 나는 인스타그램에서 리그램 이벤트를 여러 번했다. 온라인 랜선 이웃들에게 마켓에 대한 홍보를 하면서 선물을 줬다. SNS에서 내게 호감을 갖고 있는 사람들부터 먼저 설득하고 판매했다. 그렇게 호의적인 관계에서 시작하면 책임감과 적극성이 생긴다. 어떤 제품을 올리고, 어떻게 고객과 소통해야 반응이 오는지 경험치를 쌓을 수 있다.

인스타그램 팔로워 단기간에 늘리는 꿀팁

인스타그램을 하는 목적은 무엇일까? 나의 경우에는 상품을 구매해줄 고객들을 많이 모으는 게 중요했다. 그래서 팔로워 수를 늘리기 위해 다양한 노력을 했다. 그 중에서도 단기간에 팔로워 수를 늘리는 데 효과적인 세 가지 꿀팁을 소개하겠다. 첫 번째 '피드 올리기', 두 번째 '선팔 또는 맞팔하기', 세 번째 '소통하기'이다. 이때 판매할 상품과 메인 고객층을 미리 정해놓고 시작하면 좋다. 내가 판매할 상품 카테고리의 대략적인 윤곽이라도 잡아놓는 것이 훨씬 수월하다. 예를 들어, 아기 사진을 피드에 올리고, 엄마들과 실컷 육아 소통을 했다고 치자. 그런데 갑자기 십대 패션 의류를 판매하려고 홍보한다면 반응이 거의 없을 것이다. 엄마들에게는 아기 옷이나 육아용품을 파는 게 맞다. 이렇게 서로 코드가 비슷한 고객들이 나의 인스타그램을 팔로워 하도록 최적화 하는 것이 핵심이다.

피드 올리기

피드 올리기는 팔로워 수를 늘리는 데 가장 기본이 되는 부분이다. 사진이나 동영상이 별로 없는 인스타그램을 누가 팔로워하고 싶겠는가. 나의 일상이 어땠는지, 감정이 어떤지, 좋아하는 취향이 무엇인지를 피드를 통해 자주 공유하는 것이 좋다. 그것에 공감하고 매력을 느낀 사람들이 인스타그램을 팔로워하고, 좋아요와 댓글을 다는 것이다. SNS 플랫폼 자체도 인스타그램의 전체적인 활성화를 위해서 피드를 자주 올리면 노출이 잘 되도록 밀어준다. 피드를 하루에 세 개씩 올리는 것이 효과적이긴 하지만, 올릴만한 이미지가 별로 없다면 못해도 주 3회 내외로 올려보자. 인스타그램은 해시태그(#)로 검색이 가능하기 때문에 특정 키워드를 잘 활용하면 좋다.

가이드 | 인스타그램 주제별 해시태그 모음

일상 관련

#일상 #일상그램 #일상스타그램 #오늘 #일상기록 #월요일 #주말 #꿀주말 #불금 #평일 #첫줄안녕 #신난다 #친구들이랑 #퇴근후 #집가는길 #우리집 #갬성 #소통해요 #소통 #일상소통 #소통좋아요

음식 관련

#맛집 #먹방 #맛점 #맛있다그램 #꿀맛 #치맥 #맛저 #맛집스타그램 #냠냠 #카페 #카페스타그램 #카페투어 #카페라떼 #아이스아메리카노 #아아 #커피한잔 #디저트카페 #카페추천 #예쁜카페

패션 관련

#패션 #오오티디 #옷스타그램 #패션스타그램 #아웃핏 #전신샷 #패셔니스타 #ootd #dailyfashion #셀럽 #패션아이템 #패션코디 #멋스타그램 #트랜드 #캐주얼룩 #패션그램 #데일리스타그램 #옷

뷰티 관련

#뷰티 #뷰티그램 #피부관리 #코스메틱 #코덕 #마스크팩 #코덕맞팔 #뷰덕 #관리하는여자 #거울샷 #거울셀카 #셀피스타그램 #셀고 #오늘의흔남 #셀카쟁이 #흔녀 #셀카그램

여행 관련

#여행 #여행스타그램 #여행가고싶다 #여행지추천 #힐링여행 #여름휴가 #추억 #풍경 #여행기록 #행복 #가족여행 #우정여행 #여행룩 #여행사진 #여행중 #여행그램 #국내여행 #여행일기 #떠나요

육아 관련

#육아 #육아스타그램 #육아그램 #육아맘 #육아템 #육아소통 #육아일상 #육퇴 #육아정보 #육아일기 #육아중 #육아전쟁 #육아맘일상 #육아용품 #육아공유 #육아맞팔 #육아대디 #육아빠 #헬육아

* 미디언스 해시태그LAB(tag.mediance.co.kr)에서 '해시태그' 관련 데이터 분석 가능

인스타그램은 이미지 기반의 SNS 플랫폼이다. 시각적으로 돋보이는 '뷰티, 패션, 여행, 음식' 분야의 콘텐츠가 인기가 많다. 자연스럽게 이런 분야에 관심 많은 젊은 여성들이 주로 모여 있으며, 점차 사용자 층이 확대되고 있는 추세이다. 해시태그 자체를 팔로우하는 것이 가능하며, 홈 화면에도 노출된다. 이 밖에도 특색 있는 해시태그를 만들어서 브랜딩을 할 수도 있다. 의료진들에게 감사를 전하는 '덕분에 챌린지'가 대표적인 브랜딩 해시태그이다. 피드를 올릴 때, 자신이 만든 대표 브랜딩 해시태그와 인기 해시태그를 열 개 내외로 다양하게 섞어 쓰는 것을 추천한다.

선팔, 맞팔하기

인스타그램의 공식적인 팔로잉 수는 7,500명으로 제한되어 있다. 따라서 해당 숫자까지는 먼저 팔로잉(선팔)을 하고 서로 팔로우(맞팔)하는 것에는 문제가 없다. 처음 시작할 때는 적극적으로 선팔, 맞팔을 하는 것이 좋다. 다만, 자신의 메인 고객과 성향이 비슷한 채널들을 찾아서 팔로우해야 한다. 예를 들어, 불특정 다수에게 [#선팔 #선팔후맞팔 #소통]을 하는 것 보다는 엄마를 대상으로 [#육아맞팔 #육아소통 #육아맘소통]을 공략하는 것이 더 효과적이다. 자신의 피드에도 관련 해시태그를 달고, 검색으로 해당 키워드의 계정을 찾아서 팔로워 수를 늘려보자.

소통하기

소통하기는 '좋아요'와 '댓글'의 반응 정도이다. 얼마나 많은 사람들이 나의 피드에 '좋아요'를 누르는지, 긍정적인 댓글이 얼마나 많이 달리는지가 중요하다. 유명한 셀럽이라면 사진을 한 장만 올려도 무수히 많은 좋아요와 댓글이 달리지만, 일반 사람들에게는 그런 호응이 쉽게 나타나지 않는다. 그래서 시간과 노력을 많이 투자해야 한다. 다만 하루에 너무 많은 좋아요와 댓글

활동을 할 경우, 인스타그램 자체에서 스팸으로 인식해 계정이 정지될 수 있으니 주의가 필요하다. 팔로워 수가 어느 정도 안정적인 궤도에 오를 때까지는 집중적으로 댓글 소통을 하는 것이 좋다. 상대적으로 좋아요보다는 댓글을 달 때 에너지가 많이 든다. 반대로 생각해보면 그만큼 댓글을 쓸 경우 인친으로 팔로우를 할 가능성이 높아진다.

이 밖에도 인스타그램 내에 있는 기능 '스토리, 하이라이트, 릴스, 라이브와 IGTV' 등을 활용하는 것도 팔로워를 늘리는 데 도움이 된다. 팔로워 수가 1,000명만 넘어도 SNS 마켓을 할 때 어느 정도 반응이 올 것이다. 또한, 인플루언서로 인식되어 협찬 문의가 들어온다. 나도 상품들을 협찬 받아서 피드에 홍보한 적이 꽤 있다. 이때 협찬 받은 상품은 기본적으로 검증해보고, 품질이 좋아야 하며, 자신의 인스타그램 스타일과 코드가 잘 맞는 것들로 진행해야 한다.

누구나 할 수 있는 초간단 SNS 이벤트

인스타그램을 사업적으로 활용하려면 가장 먼저 해야 하는 것이 있다. 바로 [공개 계정]으로 설정하는 것이다. 그 다음 순서로는 개인용 계정을 [비즈니스 계정]으로 전환하면 된다. 이렇게 하면 '인사이트' 기능이 생겨서 내 인스타그램의 데이터를 체크해볼 수 있다. 콘텐츠, 활동, 타깃에 대한 구체적인 분석이 가능해진다. 만약에 개인 일상을 공유하는 것이 부담스러울 경우, 오피스 계정을 추가로 만들어서 쇼핑몰 관련 피드를 올리면 된다. 참고로 계정 만들기는 다섯 개까지 가능하다. 단, 팔로워를 늘릴 때 사람 얼굴을 공개하는 것이 친밀도 부분에서 유리하다.

SNS 이벤트는 누구나 할 수 있으며, 고객들의 참여도를 높일 수 있다는 것이 장점이다. 자신의 SNS 채널에 팔로워가 얼마나

가이드 | 초간단 SNS 이벤트 방법

- 이벤트 상품, 당첨자 수 정하기 (예: 쇼핑몰 주력 상품, 당첨자 다섯 명)
- 이벤트 기획하기 (예: 리그램 이미지를 자신의 인스타그램에 스크랩 하는 방법, 기간 설정)
- 이미지 만들기 (예: 미리 캔버스 사이트에서 이미지 디자인 또는 사진 또는 영상)
- 자신의 SNS에 이벤트 기획에 맞춰, 이미지와 글 올리기
- 이벤트 마감 후 당첨자 발표하고 상품 보내기(후기 올려달라고 요청하기)
  - 인스타그램에서 [#이벤트 #리그램이벤트 #이벤트그램 #이벤트참여] 검색하여 벤치마킹하기

많은지에 따라서 홍보 효과는 달라진다. 쇼핑몰의 경우 인스타그램에서 이벤트를 하기 좋다. 심플하게 사진과 간단한 글을 올리면 되기 때문에 진행이 훨씬 간편하다. 인스타그램에서 '리그램 이벤트'라고 해서 이벤트 이미지를 스크랩하고 각자의 계정에 공유할 수 있다. 적은 비용으로도 온라인에서 홍보가 가능한 것이다.

처음 아동복 쇼핑몰을 할 때 리그램 이벤트를 적극적으로 활용했다. 거기에 [아기 모델 서포터즈]를 같이 모집해서 홍보 효과를 좀 더 높일 수 있었다. 부모들은 자신의 아이들에게 예쁜 옷을 입혀서 사진을 잘 찍어주고 싶어 한다. 그러기에 쇼핑몰 모델이 되는 경험은 부모와 아이에게 잊지 못할 좋은 추억을 선물할 수 있다.

나의 딸아이만 모델로 해서 쇼핑몰 사진을 찍어도 됐지만, 다른 아이들한테도 좋은 기회를 주고 싶었다. 여기에 온라인 쇼핑몰 홍보 효과는 덤이었다. 이벤트 당첨되신 분들이 인스타그램과 블로그에 '내 아이가 쇼핑몰 모델로 참여한 후기'를 정성껏 올려줬기 때문이다. 이러한 참여형 이벤트를 통해 서로에게 좋은 시너지 효과를 냈다.

리그램 이벤트의 경우, 내 계정의 팔로워를 유도하면서 입소문을 낼 수 있다는 장점이 크다. 그러나 리그램을 하기 위해서는 별도의 어플을 깔아야 하는 번거로움이 있다. 그래서 요즘은 댓글 이벤트를 위주로 진행하고, 추가로 친구 소환과 리그램까지 하면 당첨이 될 확률을 높여주는 방식을 많이 쓴다.

인플루언서 협찬의 경우, 영향력이 있는 계정을 직접 선정해서 개별 연락을 해야 한다. 팔로워 수가 1,000명 이상 되는 계정부터 협찬을 하는 편이다. 연락 수단은 주로 인스타그램에 있는 기능인 다이렉트 메시지(DM)를 활용한다. 상품을 무료로 제공하고, 관련 피드를 올려달라고 요청한다. 팔로워 수가 많은 인플루언서에게는 별도의 협찬 비용을 지불하기도 한다. 상품을 보낸 후 피드 올리는 방식이라 기존에 협찬을 진행한 적이 있는 사람과 하면 훨씬 수월하다.

스폰서 광고의 경우, 자신의 인스타그램 피드에 [홍보하기] 버튼을 눌러 진행하면 된다. '비즈니스 계정'에서만 가능하며, 광고 집행 과정이 쉬운 편이다. 광고 예산은 최소 하루에 2,000원부터 시작하기 때문에, 아주 적은 비용으로 부담을 줄일 수 있다. 위치, 관심사, 연령 및 성별에 대한 타겟팅을 직접 설정하는 것이 가능하며, 광고 대행사가 없이도 혼자서 광고 집행 기간과 예산을 설정해서 운영할 수 있다. 광고비는 투자한다는 생각으로 예산의 10% 정도를 광고로 돌려보고 효과를 체크해보는 것이 좋다. 이때, 고객 후기가 있는 가장 인기 있는 상품으로 광고를 하자. 그리고 디자인 시안도 몇 개 만들어서 광고할 때 반응도를 살피며 진행하길 바란다.

또한 인스타그램 프로필의 URL을 여러 개 올리는 방법으로 인포크 링크(link.inpock.co.kr) 사이트를 추천한다. 쇼핑몰 외에도 SNS, 이벤트 소식 등을 알릴 수 있다. 단순히 링크를 모아주는 기능 외에도 카카오 알림톡 기능이 있다. 각각의 링크를 몇 번 클릭했는지 분석이 가능하며, 링크를 만드는 방법도 아주 간단하다.

아이 키우며
돈 버는 준비하기

온라인 쇼핑몰
창업 도전하기

주부 인플루언서 되기

책 한 권으로 돈 벌기

N잡러
디지털 노마드 맘 되기

경제적 자유를 위한
파이프라인 구축하기

3장

월 1,000만 원 버는 전업주부의 시크릿 머니 비법

오키와 오기의 자세로 경제적 자유를 꿈꾸다

평범한 주부가 혼자서 월 1,000만 원을 벌기까지, 이 작은 성공을 위해 정말 많은 실패와 경험을 쌓았다. 처음에는 용돈이라도 벌자는 마음으로 시작한 것이 맞다. 그러나 장기적인 목표가 있었다. 그것은 바로 우리 딸이 초등학교에 입학하기 전까지 아이를 키우며 나답게, 돈 버는 것을 안정화시키는 것이었다. 나의 목표 금액은 월 1,000만 원이다. 근로 소득이 아니라 시스템을 키워서 이자만으로 월 1,000만 원을 버는 경제적 자유인이 되는 것이다.

처음에는 '월 10만 원이라도 벌자!'는 마음으로 시작했다. 그 마음이 '월 100만 원 넘게 벌면 좋겠다.'는 마음으로 발전했고, 월 매출 1,000만 원을 목표로 해서 앞으로 나아갔다. 그 다음은 월 수익 1,000만 원을 벌려고 노력 중이다. 모든 것에는 단계가 있고, 하루 아침에 이루어지는 것은 없다. 우아한 백조도 물 속에서 계속 발을 움직인다. 성공한 사람들도 마찬가지다. 운도 필요하고, 꾸준한 노력도 중요하다.

네이버 스마트스토어와 인스타그램 공구마켓의 경쟁은 치열하다. 그러나 이런 레드오션에서도 돈을 벌 수 있다. 더 나아가 이 경험을 토대로 다른 플랫폼에서도 유연하게 활용할 수 있게 된다. 그래서 경험을 쌓아 발전시키는 것이 중요하다.

그러니 '오키'와 '오기'의 자세를 갖고 월 1,000만 원 돈 버는 것을 목표로 지금부터 움직여보길 바란다. 먼저 '오키'는 영어 단어 'OK(오케이)'의 줄임말로 상대방의 말에 긍정하여 대답할 때 쓰는 말이다. 두려워도 시작하고, 실패해도 다시 도전할 수 있는 긍정적인 마음이 중요하다. 그리고 '오기'의 경우, 능력은 부족하면서도 남에게 지기 싫어하는 마음을 뜻한다. 관점을 다르게 보면 자신이 아직 부족하다는 것을 알면서도 포기하지 않고, 경쟁사나 롤 모델을 보며 따라가 보겠다는 '용기'라고 할 수 있다. 이것은 목표 달성에 대한 강한 의지가 된다. 다른 사람도 하는 거면 나도 할 수 있다. 그러니 지금 당장 해보자는 돈에 대한 '오기'가 생기길 바란다.

사업 아이템 쉽게 정하는 꿀팁 세 가지

생각보다 많은 사람들이 사업 아이템을 정하기 어려워한다. 앞에서 언급했던 것처럼 온라인 쇼핑몰은 '상품'이 중요하다. 상품이 있어야 판매가 가능하기 때문이다. 처음에 어떤 상품을 판매할지 정했는가? 무엇을 판매해야 할지 고민된다면, 사업 아이템을 쉽게 정하는 꿀팁 세 가지를 참고하길 바란다.

'요즘 인기 있거나, 나에게 필요하거나, 취향 저격으로 내가 좋아하는 것' 이 중에서 골라보자. 이것을 복합적으로 고려해 사업 아이템을 빠르게 정해라. 처음에는 사업 경험을 제대로 하는 게 중요하다. 사업 아이템은 그대로 갈수도 있고 확장되거나 추후에 변경될 수 있다. 그러니 지금 상황에서 가장 베스트인 것을 골라서 바로 시작하면 된다.

가이드 | 사업 아이템 쉽게 정하는 세 가지 방법

- 요즘 인기 있는 아이템: 시즌 상품, 베스트 상품, 수요 대비 공급이 적은 상품
- 나에게 필요한 아이템: 엄마의 경우 아이 옷, 부모님 생신 선물, 동물을 키우면 반려용품
- 내가 좋아하는 아이템: 캠핑용품, 인테리어 소품, 그릇, 운동용품

코로나19로 마스크 수요가 폭발했다. 물론 공급도 늘었다. 그럼에도 불구하고 마스크는 팔린다.

여기에서 당부할 것은 처음에 아이템을 정한 후 무조건 작게 시작하라는 것이다. 인생 한방을 바라면서 많은 돈을 투자하거나, 아이템에 완전히 꽂혀서 그것만 올인하면 안 된다. 최소한의 돈으로 운영하자. 판매 상품 중에 히트 상품이 나오면 그때 재고 확보와 집중 홍보로 사업을 키워도 충분하다. 처음에는 사업의 감을 최우선으로 익혀 가는 게 중요하다.

요즘 인기 있는 아이템

요즘에는 어떤 상품이 잘 팔리는지 온라인에서 쉽게 인기 아이템을 찾을 수 있다. 최신 아이템을 찾으려면 온라인 데이터를 참고하면 된다. 네이버 데이터랩(datalab.naver.com)의 [쇼핑 인사이트]에서 분야별 통계 수치를 쉽게 찾아볼 수 있어서 좋다. 패션의류를 포함해 화장품, 출산·육아, 식품 등 전체 카테고리별로 '인기 검색어 탑 500'을 한 달, 삼 개월, 일 년 단위로 체크할 수 있다. 연령과 성별 또는 기기 별 인기 검색어도 구체적으로 확인할 수 있는 것이 장점이다.

네이버 쇼핑 베스트 100 PC 버전에서는 그날의 '인기 검색어' 키워드 열 개를 체크할 수 있으며, [패션의류 | 패션잡화 | 화장품/미용 | 디지털/가전] 등 카테고리 별로 베스트 7까지 한눈에 살펴볼 수 있다. 썸네일 이미지, 제목 키워드, 가격, 판매처를 한 번에 파악할 수 있다. 이 두 가지 사이트에서 판매할 만한 시즌 상품과 베스트 판매 상품들을 전반적으로 체크해보자.

추가로 수요 대비 공급이 적은 상품이 알고 싶다면 '아이템 스카우트(www.itemscout.io)' 사이트를 이용하면 된다. 사람들의 수요 증가로 인해 검색량은 많지만, 상대적으로 상품 수 공급이 적은 아이템을 확인해볼 수 있다. 해당 사이트는 잠재력이 높은 카테고리와 키워드 관련해서 검색하기 좋다. 일부 기능은 유료이지만, 특정 키워드의 시장성을 분석할 수 있어서 인기 아이템을 새롭게 찾는 데 도움을 준다.

나에게 필요한 아이템

일상생활에서 나에게 필요한 아이템을 골라서 판매해도 좋다. 생활용품이나 소비재의 경우, 정기적으로 다 쓰면 또 구매해야 하므로 수요 고객이 많다.

동물을 키울 경우에는 반려용품이 꾸준히 구매되는 아이템들이다. 다만, 자신의 쇼핑몰만이 갖고 있는 차별화된 가치인 브랜드가 없으면 가격 경쟁이 치열해질 수 있다. 최저가를 이길 수 있는 장점이나 특징이 확실해야 장기적으로 사업 경쟁력을 가질 수 있다.

내가 좋아하는 아이템

자신이 취미로 좋아하는 아이템을 판매할 수도 있다. 캠핑용품, 인테리어 소품, 그릇, 운동용품 등을 좋아하는 타깃이 확실한 매니아층을 대상으로 쇼핑몰의 개성을 어필하면 좋다. 소비 시장이 작을 수 있기 때문에 대중적으로 확장될 가능성이 높거나, 가격이 높은 고가 전략을 사용해야 한다.

내가 좋아하는 아이템을 판매할 때의 장점은 자신이 좋아하기 때문에 소비자의 입장을 이해하며 좀 더 적극적으로 상품을 판매할 수 있다는 것이다. 상품에 대한 애착이 있어야 관련 사업을 오랫동안 꾸준히 이어갈 수 있다. 프리미엄 상품으로 브랜딩을 고급화하기에도 매니아층이 강한 아이템들이 훨씬 유리하다.

월 1,000만 원 벌어준 히트 상품의 비밀

"우리 딸이 이제 겨울이 됐으니, 새 부츠를 사달래."

"그래? 이제 엄마가 알아서 사줄 시기는 끝난 거네."

"응. 다 컸지 뭐. 자기 취향이 엄청 강해졌어"

"딸아이가 어떤 취향인데?"

"무조건 핑크야. 거기에 리본이 꼭 있어야 한대."

히트 상품의 비밀은 사람들이 일상적으로 말하는 이야기 속에 힌트가 숨어 있다. 지인과 카페에서 만나 대화를 나눴다. 갓난아기일 때는 엄마의 취향대로 아이 옷을 코디해줄 수 있다. 그러나 아이가 조금만 크면 자기 주장이 강해지게 된다. 그래서 엄마들은 점점 아이가 원하는 스타일에 맞춰 상품을 구매하게 된다. 부츠, 핑크색, 리본. 내가 아동복을 판매하고 있던 상황이라 그 단어들이 꽂혔다. 아동 신발과 관련해서 판매가 가능한 상품들을 본격적으로 추가 해야겠다고 생각했다.

온라인으로 기존에 잘 판매되고 있는 아동 신발 상품들과 도매처를 찾기 시작했다. 판매가 좋은 상품을 발견했고, 네이버 카페에서 사장님들의 커뮤니티를 통해 해당 도매처의 정보를 찾으려고 애썼다. 그리고 어렵게 전화번호를 알게 됐다. 상품 거래를 위한 멘트를 노트에 적고, 긴장된 마음으로 전화를 걸었다. 다행히 거래처 사장님이 호의적으로 잘 받아주어서 아동 신발 상품을 추가로 거래할 수 있었다.

감사하게도 '리본이 달린 핑크색 아동 부츠'가 히트 상품이 되었다. 그 상품과 함께 겨울 상품들의 판매가 늘면서 월 매출 1,000만 원을 달성하게 됐다. 이러한 히트 상품의 비밀은 바로 '사람'이었다. 커피 마시는 카페에서 대화하는 사람들의 이야기, 네이버 카페에서 정보를 공유하는 사람들의 글, 도매처 사장님들과의 사람 냄새가 나는 관계 말이다. 돈은 발이 없어서 사람을 통해 움직인다는 말이 있다. 결국, 돈은 사람이 가져온다.

아이 키우며, 혼자서 쇼핑몰을 창업하고 월 1,000만 원을 벌 수 있었던 비결은 '관심'에 있었다. 네이버 쇼핑에 있는 베스트 상품을 수시로 체크했고, 아침마다 오늘은 어떤 키워드가 인기가 많고, 어떤 상품을 많이 사는지 분석하며 트렌드에 대한 감을 익혔다. 또한 베스트 상품을 판매하고 있는 스토어도 자세히 살펴봤다. 그 다음은 동대문과 남대문 오프라인 시장을 자주 다녔다. 동대문 시장의 디오트와 청평화, 신발 도매 상가와 남대문 시장은 낮 시간에 직접 가서 볼 수 있다. 한 건물을 볼 때, 지하부터 고층까지 쭉 돌면서 지금 유행하는 트렌드를 훑어본다. 이때, 오프라인의 도매 시장과 온라인 네이버 쇼핑의 베스트를 비교해야 한다. 도매처의 현재 주력 상품들과 온라인 쇼핑몰의 인기 상품들을 매칭해보는 것이다. 그렇게 해야 온라인에서 잘 팔리는 상품을 소싱하기가 수월해진다.

마지막으로 고객에게 솔직하게 대응하는 것이다. 고객에게는 주문 후 상품을 언제 받을 수 있는지가 중요하다. 그래서 상품을 고객에게 빨리 보내주려고 노력했다. 다만, 재고를 최대한 쌓이지 않는 선에서 빠르게 보내는 것이 좋다. 나의 경우는 주문이 들어오면 거래처에 주문을 넣는 방식을 사용했다. 그리고 배송이 늦어질 경우에 고객에게 직접 연락해서 솔직하게 얘기했다. 배송이 늦어져서 미안하고, 배송하게 되면 언제까지가 배송이 가능하며, 원하면 지금 구매 취소도 가능한 상황에서 어떻게 해드리면 좋을지 고객에게 선택권을 줬다.

위탁 판매와 사입 중 무엇이 더 나을까?

온라인 쇼핑몰을 운영할 때 소싱한 상품을 위탁 판매로 할지, 또는 사입 판매로 할지를 선택하기 위해 각각의 특징을 살펴보자. 나는 처음에 위탁 판매부터 시작했다. 그 이유는 재고에 대한 부담을 줄이기 위해서였다. 위탁 판매의 구조는 주문이 들어오면 상품을 도매처에 내가 다시 주문하고, 도매처 자체에서 고객에게 그 상품을 발송하는 구조이다. 즉, 나는 고객에게 주문을 받아서 전달하는 중간 유통자가 되는 것이다. 위탁 판매를 잘 활용하면, 재고 부담을 덜 뿐만 아니라, 시간과 노동력을 줄일 수 있다. 다만 마진율이 상대적으로 낮을 수 있고, 도매처에 대한 의존도가 높아지게 된다. 시간이 부족한 직장인 부업이거나, 적은 자금으로 부담 없이 처음 시작하는 사람들에게 추천한다.

사입 판매의 경우, 도매처에서 상품을 구매해서 주문한 고객에게 직접 발송하는 구조이다. 가장 큰 특징은 재고를 갖고 있다는 점이다. 재고를 보관해야 하는 장소와 비용이 추가로 들어간다. 또한, 직접 상품을 발송하기 때문에 그에 따른 시간과 노동력이 필요하다. 대신 상품을 빠르게 보낼 수 있고, 브랜딩이 가능하다. 예를 들어, 쇼핑몰 로고 스티커를 제작해서 박스에 붙이거나 고객에게 리뷰를 부탁하는 메모를 남길 수도 있다.

시간과 노동력을 줄여주는 위탁 판매와 주도적인 운영과 브랜딩이 가능한 사입, 둘 중에서 무엇이 더 나을까? 내가 경험했을 때는 확실히 위탁 판매가 장점이 많았다. 그러나 브랜딩이 가능한 사입의 장점도 매력적이다. 그러므로 두 가지 모두 경험해보길 바란다. 그런 다음 자신의 성향에 맞는 시스템으로 쇼핑몰을 운영해보는 것을 추천한다. 참고로 온라인 쇼핑몰 중에서 위탁 판매 전용 스토어와 사입 전용 스토어를 분류해서 둘 다 운영하는 곳도 많다.

위탁 판매처를 찾기 위해서는 손품, 입품, 발품을 많이 팔아야 한다. 나는 인터넷에서 많이 검색했다. 즉, 손품을 많이 썼다. 대표적인 위탁 판매처인 '도매꾹(domeggook.com)'에서 상품들을 찾아보자. 이밖에도 '도매매(domemedb.domeggook.com)', '셀러오션(www.sellerocean.com)', '오너클랜(ownerclan.com)', '온채널(www.onch3.co.kr)'에서도 상품을 찾을 수 있다. 또한 네이버 카페에서 [위탁, 위탁 판매, 위탁 배송, 위탁 도매]라고 검색해서 관련된 커뮤니티를 살펴보는 것도 좋다. 포털 사이트에서도 검색으로 도매처를 찾아볼 수 있다. 내가 하려는 카테고리 단어를 넣으면 된다. 예를 들어 반려용품 쇼핑몰을 할 경우에는 [반려용품 도매, 반려용품 위탁]이라고 검색해서 사이트를 찾는 것이다.

이때 상품의 최소 수량과 이미지 제공이 가능한지, 이미지 비용이 유료인지 무료인지도 체크해보자. 만약에 도매처의 상품 최소 수량이 두세 개라면 1+1이나 1+1+1으로 상품을 묶어서 판매하면 위탁 배송이 가능하다. 상품의 개수는 고정해놓고, 컬러만 선택 가능하도록 옵션 세팅을 하면 된다. 다양한 거래처를 리스트업해보고 나와 잘 맞는 업체들을 추려서 찾아보는 과정이 중요하다. 비슷한 상품이라도 상품의 품질, 도매 가격과 최소 수량, 이미지 제공 여부에 따라서 거래처의 우선 순위를 매기면 된다. 빠른 배송과 대응 처리 스타일도 체크하면 좋다.

그 다음으로 입품을 쓰는 방법이 있다. 인터넷에 공개된 정보들은 누구나 볼 수 있다. 그래서 나만의 차별화된 접근 방식이 필요하다. 그것은 바로 거래처에 직접 전화를 하는 입품이다. 사이트와 도매 플랫폼, 네이버 카페를 통해 연락처를 알 수 있다. 초보 판매자라도 진정성 있게 대화를 나누면 거래가 성사될 수 있다. 전화를 걸기 전에 예상 질문과 답변에 대한 멘트를 노트에 적어 놓으면, 통화에 대한 두려움을 줄일 수 있다.

"안녕하세요. 저는 스마트스토어 '○○○(나의 업체명)'을 운영하고 있어요."

"사장님의 물건을 소매로 떼서, 온라인에서 판매하고 싶은데 가능할까요?"

"이미지 제공이 가능한지 궁금해요! (유료인지, 무료인지)"

"위탁 배송도 가능한가요? 사입을 할 경우 최소 수량이 있나요?"

"주문이 들어오면 어떻게 알려드리면 될까요?"

"비용 처리는 어떻게 하나요? 계좌 이체 정보는 문자로 보내주세요."

보통 이런 식으로 거래처를 뚫었다. 전화를 하는 것이 부담되기는 하지만, 확실히 상품을 거래할 때 유리하다. 혹시라도 반응이 시큰둥하면 어쩔 수 없다. 특히, 동대문 시장과 남대문 시장에서 직접 발품으로 거래처를 뚫을 때 어렵다. 간혹, 사장님들 중에 친절하지 않는 분들도 있다. 그건 도매 시장의 특성상 매일 밤을 새면서 일하기 때문에 예민한 것이다. 입장 바꿔 생각하면 나 역시 피곤할 경우 마냥 친절하지는 못할 것 같다. 물건을 많이 팔아주면 사장님의 반응도 바뀐다. 첫 거래를 할 때는 나의 쇼핑몰 이름에 관심 없던 사장님이 자주 거래하게 되니 친절하게 바뀌었다. 그러니 차가운 반응이 오면 내가 상품을 많이 팔아서 존재감을 보여주면 된다.

주문이 들어오면, 사입한 상품을 택배로 어떻게 보내야 좋을

 가이드 | 동대문 & 남대문 시장 용어

- 장끼 (영수증): 수기로 주문서를 작성한 종이 영수증
- 미송 (예약): 재고가 없는 상품에 대해 먼저 돈을 지불하고, 주문을 미리 넣는 것
- 깔: 전체 색상 (화이트, 블랙, 네이비, 레드)
- 고미: 전체 사이즈 (S, M, L)
- 대봉: 가장 큰 사이즈의 봉지
- 삼촌: 남자 사장님
- 언니: 여자 사장님

* 현금 거래를 기본으로 하며, 계좌 이체도 많이 한다.
* 의류는 첫 구매 시, 최소 두 개 이상을 기본으로 하지만 사장님 마다 달라질 수 있으니 꼭 체크해보자. 간혹 인심 좋은 사장님을 만나면 한 장씩도 구매가 가능하다. 업체 명을 물어보면 나의 쇼핑몰 이름을 알려주면 된다. (간혹, 사업자등록 번호를 물어보는 곳도 있다.)

까? 처음에는 '도매꾹'에서 소량으로 택배 박스나 택배 봉투를 미리 구매해놓는다. 그 다음 우체국이나 편의점에 가서 택배를 보내면 된다. 우체국은 빠른 배송을 자랑하지만 비용이 비싸다. 편의점 택배는 박스 포장을 추천하기에 택배 봉투로 보낼 때 제약이 생길 수 있다.

처음에는 직접 배송하지 않는 방향으로 위탁 배송 업체를 위주로 진행했다. 그런데 간혹 위탁 배송 업체 중에서 반품 물건은

내가 직접 받아야 하는 경우가 생겼다. 그래서 택배 업체를 체크하기 시작했다. 다양한 업체들이 있었지만 나는 대중적인 CJ택배 고객센터에 전화했다. 그리고 내가 쇼핑몰을 해서 택배를 거래하고 싶은데 어떻게 하면 되는지 물어봤고, 내가 있는 지역의 담당 소장님과 연결이 됐다. 그렇게 택배 계약이 체결됐다. 또는 직접 배송을 해주는 택배 기사님에게 이야기해서 쇼핑몰을 하고 있는데, 택배 거래를 하려면 어떻게 하면 되는지 물어봐도 된다. 그렇게 해도 그 지역 담당 소장님과 연결이 가능하다.

택배사를 이용하는 이유는 택배 기사님이 정해진 시간대에 내가 일하는 곳으로 와서 한번에 상품을 수거하는 편리함도 한 몫한다. 물량이 많을 경우, 매번 물건을 갖고 우체국이나 편의점에 가서 보내는 것도 엄청 수고스럽기 때문이다. 또한 직접 송장을 출력하거나 어플을 이용해 송장을 등록할 수 있다. 그러면 스마트스토어에서 발송 처리를 하기에도 편리하다. 상품 배송이 월 서른 건이 넘으면 택배사와 계약해서 거래하는 것을 추천한다.

좋은 리뷰가 쌓이게 하는 노하우

"이 책을 읽으며 힘을 내고 있어요. 저는 쇼핑몰을 운영하고 있거든요. 그래서 어떻게 하면 판매를 잘 할 수 있을지 고민이 많아요."

"아, 그렇군요. 저는 개인적으로 손 편지 받으면 좋더라고요."

"손 편지요? 근데 일일이 쓰기엔 너무 힘들 거 같아요."

"저 같은 경우에는, 손 글씨 폰트로 프린트가 된 종이를 받았는데 그것도 괜찮았어요."

"아하! 그럼 해볼만 하겠는데요!"

"네. 그리고 작은 사은품도 있으면 좋을 것 같아요. 귀걸이 같은 걸로요."

온라인 쇼핑몰을 운영하면서 독서 모임에 참여했다. 그곳에서 책 이야기도 나누고, 사업 고민도 털어놨다. 어떻게 하면 판매가 잘 되게 할 수 있을지 용기를 내어 의견을 물었다. 다행히 독서 모임 회원들이 호의적으로 여러 가지 의견들을 줬다. 정말 고맙고 힘이 됐다. 그분들의 의견을 최대한 반영해보기로 했다.

그러다가 내가 자주 가는 도서관에서 열리는 특강을 들으러 갔다. 강의를 하는 강사분은 직장을 관두고, 강원도에서 게스트 하우스를 운영하는 분이었다. 게스트 하우스와 관련된 엽서가 도서관에 전시되었는데 나의 눈에 딱 띄었다. 또 한 번 용기가 필요한 상황이었다. 특강이 끝난 뒤 뛰는 심장을 부여잡고 강사님에게 "엽서를 어디에서 만드셨는지 알 수 있을까요? 제가 쇼핑몰을 운영하는데, 고객들에게 엽서를 제작해서 보내면 좋을 것 같아서요."라고 말했다. 감사하게도 엽서를 제작한 사이트를 알려주셔서 엽서를 만들게 됐다.

요즘에는 자신만의 디자인으로 인쇄물을 제작할 수 있는 대중적인 사이트들이 많다. 손 글씨 느낌의 엽서를 제작하거나 브랜드 로고를 인쇄한 스티커를 만들기도 쉽다. 손 편지라는 감성적인 부분이 고객에게 감동을 줄 수 있다. 여기에 상품 리뷰를 부탁한다고 적으면 된다. 확실히 효과가 있다. 나 역시 사입한 상품을 구매 고객에게 보낼 때 엽서와 사은품을 보냈더니 긍정적인 리뷰가 쌓였다. 사입 판매를 할 경우에는 이런 차별화 전략을 꼭 사용

가이드 | 디자인 인쇄물 제작 사이트

- 비즈하우스 www.bizhows.com
- 스냅스 www.snaps.com
- 오프린트미 www.ohprint.me
- 퍼블로그 www.publog.co.kr

해보길 바란다.

만약 위탁 판매를 할 경우는 어떻게 하면 고객의 좋은 리뷰를 쌓을 수 있을까? 이때는 리뷰 포인트 점수를 많이 주는 것이 도움이 된다. 예를 들어 리뷰 포인트 점수를 평상시에는 100점을 줬다면 신상품의 포토 리뷰를 올린 고객에게는 일정 기간 동안 500점을 주는 것이다. 어느 정도 리뷰가 쌓인 후에는 원래대로 100점으로 돌려 놓으면 된다. 사입 판매할 때도 리뷰 포인트 점수를 같이 활용하면 효과적이다. 리뷰가 아예 없는 것과 리뷰 한 개의 차이는 엄청나다.

혹시라도 안 좋은 리뷰가 달렸다면 가만히 있지 말고, 관리를 잘 해줘야 한다. 안 좋은 리뷰를 작성한 고객에게 연락해서 불편 사항을 체크해보자. 그 다음, 환불 처리를 통해서 상품을 반품하고 리뷰 수정 또는 삭제를 부탁하는 것이 좋다. 좋은 리뷰 열 개가 달려도 안 좋은 리뷰 한 개가 달리면 상품 판매에 큰 영향을 줄 수 있다. 무엇보다 가장 중요한 것은 상품이 좋아야 한다. 품질 좋은 상품이라면 만족도가 확실히 올라간다. 여기에 추가로 스티커나 손 편지, 리뷰 포인트 점수로 고객의 긍정적인 리뷰를 유도하는 방법을 사용하는 것이 좋다.

힘들고 지칠 때, 사업 슬럼프 극복하기

성공하는데 어려움을 겪는 가장 큰 이유는 실패할 거라는 두려운 마음 때문이다. 생각처럼 잘 안될 것 같아서 주저하게 되고, 자기 합리화를 하면서 시도조차 안 하는 경우도 많다. 막상 큰 맘 먹고 시작했는데, 그 과정이 모두 처음이라 막막한 기분이 드는 건 당연하다. 미래를 알 수 없는 상태에서 기대한 만큼 결과가 나오지 않으면 실망감도 커진다. 힘들고 지칠 때, 슬럼프가 오면 어떻게 해야 좋을까? 나의 슬럼프 경험담이 어려움을 헤쳐나가는 데 도움이 되길 바란다.

나의 첫 번째 사업 슬럼프는 창업을 시작한지 몇 달이 채 안됐을 때였다. 그때는 쇼핑몰을 운영하며 용돈벌이 정도의 수입이 들어왔다. 딸아이가 어린이집을 적응할 시기였고, 나도 온라인으로 위탁 판매하는 방법을 조금씩 익히고 있었다. 그러나 수입이 좀 아쉬웠다. 조리원 동기 언니들과 함께 커피를 마시면서 사업 고민을 털어놨다.

"쇼핑몰은 좀 어때? 잘 되고 있어?"

"잘 모르겠어요. 처음 오픈 때 반짝하고, 요즘은 용돈 정도 벌고 있는데…. 그만할까 싶기도 해요."

"그렇구나. 그래도 1년은 해봐야지. 사계절은 보내보고, 그 이후에 결정하는 건 어때?"

"네, 언니들. 1년은 꼭 버텨 볼게요. 고마워요!"

"그래. 힘내! 잘 할 수 있을 거야."

조리원 동기 언니들 덕분에 고맙게도 첫 슬럼프를 이겨낼 수 있었다. 그렇게 시간이 흘러 쇼핑몰을 운영한지 7개월 차가 됐을 때, 여름 시즌이 되면서 래시가드와 수영복이 잘 팔리기 시작했다. 이때 쇼핑몰의 순수익이 월 100만 원을 넘기게 됐다. 그러면서 자신감이 생겼다. 본격적으로 동대문 시장과 남대문 시장에 가서 사입한 상품을 직접 사진 찍어서 팔아 보기로 마음 먹었다. 신랑에게 아이를 부탁하고, 새벽 시장에 가서 샘플 상품들을 구매했다. 그리고 여동생에게 샘플 옷을 입히고, 신랑이 촬영을 도와줬다. 그야말로 가족들의 도움을 받아서 야심 차게 가을 상품을 준비했다. 그러나 결과는 아쉽게도 기대에 못 미쳤다. 제품이 잘 팔리지 않은 것이다. 이때 두 번째 사업 슬럼프가 왔다. 가족들이 많이 도와줬는데 미안하고, 고생이 헛된 것 같아서 너무 속상했다. 그래도 사업으로 1년은 넘겨보자는 오기를 갖고 겨울 시즌을 준비했다. 이대로 사업을 관두기엔 그동안의 노력이 너무 아까웠다.

이번에는 사진 촬영에 많은 에너지를 쏟지 않기로 결심했다. 여동생과 신랑에게 다시 부탁하기도 미안했고, 시간과 노동력이 너무 많이 들어서 나에게 잘 맞지 않는다는 것을 깨달았다. 그래서 사업과 관련된 강의와 책을 열심히 봤다. 그러면서 효과적인 방법들을 찾아나갔다. 도매처에서 제공하는 이미지를 재편집하고, 위탁 판매와 사입 판매를 병행해서 겨울 시즌을 진행했다. 카테고리를 확장해서 패션 의류뿐만 아니라 패션 잡화까지 다양하게 판매를 했다. 그 결과 반응이 좋았다. 월 매출 1,000만 원을 달성했다. 돌이켜 생각해보면 쓰디 쓴 실패가 보약이었다. 슬럼프를 겪고, 그것을 받아들이고 넘기면서 성공 면역력이 조금씩 좋아진 것이다.

지치고 힘들 때 슬럼프가 온다면 기댈 수 있는 것을 찾아보자. 달콤한 사탕 몇 개쯤은 갖고 있으면 좋다. 실패라는 보약은 쓰니까 말이다. 사람은 누구에게나 쓴맛을 달래줄 사탕이 필요하다. 나에게 있어 사탕은 조리원 동기 언니들과 친구들이었고, 가족이며, 책과 강의였다. 그 존재들이 나를 위로하고, 도와주며 슬럼프를 이겨낼 수 있게 했다.

복리는 시간의 힘으로 움직인다. 그래서 빨리 시작하는 것이 좋다. 중간에 적금을 깨고 싶듯이 삶에도 위기가 몇 번씩 온다. 그럴 때면 '복리 이자가 더 붙는다!'고 생각해보자. 지금 깨면 아무것도 아니지만 몇 년 후를 돌이켜 봤을 때 목표를 이뤘다는 성취감과 함께 엄청난 이자가 붙어서 올 거라고 말이다. 나는 복리의 힘을 믿는다. 미리 겁먹지 말자. 고민은 시작 시간만 늦춘다.

두려움을 극복해 목표를 이루길 바란다. 시작과 과정은 힘들지만, 계속 수정 보완하면 작은 성공들이 찾아온다. 일단 빨리 시작해서 복리의 힘을 유리하게 활용하자. 아무것도 하지 않으면 슬럼프도 안 온다. 그만큼 노력했고 공들였기 때문에 힘들고 지친 것이다. 그리고 여기까지 와줘서 애썼다고, 오늘도 수고했다고, 항상 고맙다고 나 자신에게도 따뜻하게 말해주자. 스스로 잠재 의식을 잘 다독이면서 꾸준히 움직이다 보면, 눈사태처럼 엄청난 기적이 생길 것이다.

나답게 돈 버는 엄마의 To Do List

#2 백일간 쓰는 소원 노트

『3개의 소원, 100일의 기적』을 읽고, 100일 동안 노트에 소원을 적었다. 세 개의 소원 중 하나가 '내 책으로 베스트셀러 작가가 되자!'였다. 나는 소원 노트를 적으면서 출간 기획서를 작성하고, 목차를 쓰고, 샘플 원고를 준비했다. 그리고 베스트셀러를 출판한 유명한 출판사 서른 곳에 투고를 했다. 그리고 감사하게도 그 중에서 정말 괜찮은 출판사와 연결됐다. 사실, 내가 소원 노트를 100일 동안 썼을 때는 2019년 9월이었다. 바로 소원이 이루어진 것이 아니다. 그렇지만 이렇게 믿었다. 내 소원이 바로 이루어지지 않았으니, 더 좋은 이자가 붙어서 돌아올 거라고 말이다. 복리 이자가 더 크게 붙어서 올 거라고 생각하며 때를 기다리니, 정말 행운이 따랐다. 내 소원에 대한 확신이 생겼다.

인생은 마음 먹기에 달렸다. 소원은 눈에 그려지는 이미지처럼 구체적이고, 측정 가능(숫자)하며, 실현이 가능해야 한다. 결과 중심적으로 기간도 설정하자. 그리고 이미 이루어진 것처럼 현재형으로 ~했다고 적어야 효과적이다. 부자가 되고 싶다면 '가난이 싫어, 가난을 벗어나게 해주세요.'가 아니라 '구체적으로 00년도에 00한 부자가 됐습니다.'라고 소원을 적어보자. 내가 진짜로 바라는 것과 좋아하는 것을 정확하게 표현해야 한다. 나는 100일간 소원을 쓰며 그 동안의 부정적인 생각을 긍정으로 바꿨다. 그리고 큰 꿈을 향해 나아갈 수 있게 됐다.

100일 후 실현 가능한 소원 세 개를 명확히 정한다. (긍정 완료형)

1. 소원을 이루기 위해 강하게 집착한다. (스트레스를 받는다.)
2. '~위해서'라고 타인을 생각한다 + 감사한 마음을 갖는다.
3. 힘이 빠진다 = 깨달음(릴랙스 상태가 된다.)
4. 정성껏 마음을 담아서 한번에 쓴다. (백일간 노트에 매일 쓴다.)
5. 깨달은 점이 있다면 노트 여백에 빨간색으로 적어둔다. (감사 확언)
6. 소원에 걸맞은 에너지(=행동)를 실천한다. (하고 싶은 일은 모두 한다.)
7. 소원이 이루어진다.

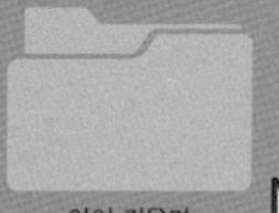

아이 키우며
돈 버는 준비하기

온라인 쇼핑몰
창업 도전하기

주부 인플루언서 되기

책 한 권으로 돈 벌기

N잡러
디지털 노마드 맘 되기

경제적 자유를 위한
파이프라인 구축하기

4장

전업주부가 SNS로 돈으로부터 자유로워지는 법

경제적 자유로 가는 길, 온라인 SNS 브랜딩

요즘은 SNS 브랜딩를 통해서 선한 영향력을 나누며 부와 명예를 쌓는 시대이다. 개인주의가 강해지면서 1인 미디어, 1인 마켓이 확산되고 있기 때문이다. 자신만의 독보적인 개성을 토대로 온라인에서 높은 인지도를 쌓는 개인 브랜딩이 대세가 됐다. 대표적으로 요식업 CEO 백종원 님, 엄마들의 멘토 김미경 님 등이 있다.

그러나 평범하기 그지 없는 나를 멋진 브랜드로 키우는 일은 시도조차 하기가 쉽지 않다. 나 역시 처음에 창업했을 때는 개인 브랜딩을 하지 못했다. 사실 온라인에서 얼굴을 오픈하고 셀프 브랜딩을 한다는 것 자체가 엄청 큰 용기가 필요했다.

돌고 돌아 결국, 스스로 개인 브랜딩을 하기로 결심했다. 나를 브랜딩해서 사람들에게 알리기로 말이다. 그러기 위해서는 다음 사항을 체크하며 진행해야 한다. 먼저 지금까지 쌓아온 나의 커리어를 글로 정리해본다. 여기에서 내가 사람들에게 인정받고, 잘하는 것, 그러면서 좋아하는 것을 찾아보자. 그 다음, 트렌드를 살펴보면서 내가 추구하고 싶은 라이프 스타일이 어떤 것인지 구체적으로 적는다. 나는 바쁘게 살기보다 가족과 함께 여유로운 시간을 보내고 싶었다. 그래서 자유롭게 일하며 돈을 버는 디지털 노마드 주부로 살게 됐다.

본격적으로 나에게 맞는 온라인 SNS 채널을 한 개 이상 운영하기 시작한다. 활용하기 좋은 대표적인 SNS 플랫폼은 네이버 블로그, 인스타그램, 유튜브 이렇게 세 가지가 있다. 마지막으로 SNS 브랜딩을 수익화로 연결하는 작업이 필요하다. 메인 고객에게 무언가를 판매하는 과정 말이다. 누군가에게는 콘텐츠일 수도 있고, 책이나 교육 과정 또는 눈에 보이는 상품일 수도 있다.

브랜딩의 핵심은 판매하려는 자신의 상품이 사람들의 욕구를 채울 정도로 교환할 만한 값어치가 있느냐는 것이다. 중요한 문제를 해결하거나, 원하는 부분을 충족시켜주면 브랜드의 가치가 더 상승한다. 그 결과 브랜드의 영향력이 무한대로 커진다. 이렇게 개인 브랜딩 작업을 꾸준히 진행하다 보면 신뢰가 형성된다. 사람들의 신뢰를 기반으로 부를 레버리지를 할 수 있다. 영향력의 법칙을 활용해 온라인 SNS 브랜딩을 잘 키운다면, 경제적 자유로 가는 길이 빨라질 것이다. 경제적 자유를 향해 SNS 브랜딩을 시작한 부자 ON 엄마들을 진심으로 응원한다.

주부가 나답게 돈 벌어서 부자 되는 3단계

"저는 부자되는 방법을 3단계로 구분하는데요. 먼저, 돈을 번다! 한 달에 1,000만 원 정도는 벌 수 있어야 해요."

"맞아요. 내 시간을 들여서, 내 힘으로 월 1,000만 원을 번다!"

"여기서 핵심은 마케팅이고요."

"아, 마케팅으로! 온라인 마케팅을 활용해서 말이죠?"

"네! 단군 이래 가장 돈 벌기 쉬운 시대라고 하는 이유가 바로, 요즘은 누구나 인터넷으로 마케팅을 할 수 있기 때문이죠."

구독자 10만 명이 넘는 유튜버 '자영업의 모든 것' 박세범 님과 인터뷰를 했다. 그 과정에서 '부자가 되는 3단계'에 대한 이야기를 나눴다. 1단계가 돈을 벌고, 2단계에서 돈을 지키며, 3단계

ON 가이드 | 부자 되는 3단계 방법

- 1단계: 돈을 번다. ◆ 2단계: 돈을 지킨다. ◆ 3단계: 돈을 불린다.

가장 먼저 부자가 되기로 결심하는 것이 중요하다.

그 다음 3단계 방법을 실천에 옮기자.

는 돈을 불리는 방법이었다. 나는 부자가 되기로 마음 먹기까지 30년이 넘게 걸렸다. 하지만 부자가 되는 3단계를 익히는 속도는 훨씬 빨랐다.

1단계는 '소득'의 영역이고 2단계는 '저축과 소비, 절세'의 영역, 3단계는 '투자'의 영역이다. 이 중에서 지금 내가 할 수 있는 것은 무엇일까? 외벌이 신랑이 벌어온 월급을 아껴서 돈을 모으는 것이 최선의 방법일까? 아니면, 스스로 일해서 돈을 버는 것이 더 나을까? 나는 인색하게 살기 싫어서, 나답게 돈을 벌기로 결심했다. 우리 가족이 힘들면 언제든지 도와주고, 가격과 상관없이 선물을 사주며, 함께 맛있는 것을 먹기 위해서 말이다.

이 책에서는 1단계인 '소득'에 대한 부분을 자세히 다루고 있다. 돈을 버는 것은 정말 중요하다. 버는 돈이 늘어나야 그만큼 종잣돈을 더 모을 수 있고, 자본금으로 투자를 해서 크게 불릴 수 있다. 이때, 돈을 모으면서 불리는 과정을 같이 진행하면 좋다. 예를 들어, 한 달에 모을 수 있는 돈이 100만 원이라고 하면 50만 원은 사업 투자금으로 쓰고, 나머지 50만 원은 주식으로 종잣돈을 모아가는 것이다. 이렇게 해서 모은 돈이 늘어나면 부동산 투자도 병행한다. 최소한의 투자금을 마련해서 시세 차익과 현금흐름(월세/배당/이자)의 자산을 늘려가는 것이다. 즉, 소득과 저축과 투자. 이 삼박자가 조화를 이뤄야 장기적으로 단단하게 부를 유지할 수 있다.

처음에는 '돈 버는 것' 자체에만 집중했던 적이 있다. 그러다 어느 순간, 단순히 돈을 버는 것 말고도 복합적인 통찰력을 가져야 한다는 사실을 깨달았다. 내가 생각하는 진정한 부자란, 시간적으로 경제적으로 여유가 있으며, 혼자가 아닌 주변 사람들과 함께 풍족하게 사는 것이다. 많은 사람들에게 선한 영향을 주며 세상을 이롭게 하는 '가치가 있는 사람'이 내가 생각하는 부자인 것이다. 나만 생각하는 것이 아닌 서로 상생 가능한 영향력을 높이는 과정이 중요하게 느껴졌다.

영향력을 키우려면 어떻게 해야 좋을까? 누구를 도와야 할까? 그들의 대표가 되어서 어떻게 가치를 만들고 이익을 얻으며 세상을 이롭게 할 수 있을까? 그 생각을 몇 년 동안 치열하게 고민하며 이것저것 다양하게 시도했다. 내가 갖고 있는 강점들을 활용해 적은 인원부터 시작해서 좀 더 많은 사람들에게 영향력을 나눠왔다. 그리고 지금은 그 규모를 레버리지해서 기하급수적으로 확대하는 방법들을 연구하고, 실제로 점점 확장해나가는 중이다.

중요하다고 생각하는 책의 내용과 강의를 골라서 그 안의 힌트들을 내 삶에 적용하고 있다. 나와 같은 목표가 있는 사람들과 만나 꿈을 현실로 옮기며, 부자 마인드를 점점 강화시켰다. 더 이상 나는 스스로를 불쌍하게 여기지 않는다. 내가 바뀌면, 온 세상도 바뀐다는 사실을 깨달았다. 부자되는 3단계 방법을 알게 되고, 이해하고, 내 삶에 적용하고 있다는 사실만으로도 만족스럽다.

혼자가 아닌, 함께 성장하며 부를 쌓고 있기에 더 이상 미래가 막막하지 않게 됐다. 때론, 두려움이 밀려올 때가 있다. 그러나 지난 몇 년 동안 도전하고 꾸준히 이어온 경험 덕분에 실패와 성공을 쌓으며 훨씬 유연하게 변했다. 충분히 원하는 것을 갖으며 여유롭게 인생을 즐길 수 있게 됐다. 그리고 이런 내 경험담과 정보가 도움이 될 수 있는 사람들에게 선한 영향력을 나눌 수 있어서 정말 기쁘고 감사하다.

우리는 부자가 되어도 괜찮다. 행복한 부자가 된다는 확신을 갖자. 부자가 되길 바라는 사람만이 부를 끌어당길 수 있다.

개인 브랜딩 시대,
SNS로 인플루언서 되기

인스타그램과 블로그 공구마켓을 거쳐 스마트스토어까지 확장한 '온라인 쇼핑몰'을 1년 넘게 운영하며 느낀 바가 크다. 물론 월 매출 1,000만 원을 달성했지만 최저가 경쟁이 너무 치열했다. 키워드를 통해 네이버 검색으로 유입되는 방법은 같은 도매 거래처에서 상품을 떼어 오는 것만으로는 차별화하기가 쉽지 않았다. 게다가 네이버 쇼핑에서 내가 판매하는 상품이 같은 상품으로 한 번에 묶여 버리면 바로 최저가 전쟁이 시작된다. 제 살 깎아 먹는 경쟁사와의 가격 할인 경쟁은 점점 심해졌다. 장기적으로 나의 온라인 쇼핑몰을 차별화할 수 있는 확실한 돌파구가 필요했다.

어떻게 하면 나의 상품들을 가격이 아닌 다른 부분으로 차별화할 수 있을까 고민하던 중 SNS를 활용한 인플루언서 기업가들이 눈에 들어왔다. '그래! 똑같은 사람은 없지. 사람마다 개성이 있기 때문에 차별화가 충분히 가능하겠네!' 내가 직접 개인 브랜딩을 키우면, 온라인에서 상품을 판매하기 좋을 거라고 생각했다.

얼굴을 오픈하는 유튜버가 되기로 마음 먹고, 많은 고민 끝에 유튜브 영상을 찍었다. 사실 2년 전부터 파급력이 큰 유튜브를 하려고 시도했었지만 두려움이 컸다. 어떤 주제로 찍어야 할지 막막하기도 했다. 그러나 더 이상 지체할 수 없었다. 카메라 울렁증으로 처음에는 카메라도 제대로 못 보고, 말도 잘 못했다. 그래도 1년간 꾸준히 찍으니 카메라를 보고 말하는 것이 많이 익숙해졌다. 유튜브를 한다는 자체만으로 내겐 플러스였다.

하지만 평범한 내가 유튜브를 찍어 올리다 보니 조회 수와 구독자 수가 너무 적었다. 그래서 내가 관심 갖고 있고, 좋아하는 롤 모델들의 유튜브를 살펴봤다. 그들의 공통점은 자신의 책을 냈고, 강의를 한다는 것이었다. 그래서 나 역시 책을 쓰고 강의도 하면서 인지도를 올려야겠다고 생각했다. 그 당시에 나의 조건에서 바로 할 수 있는 것을 찾아서 하나씩 도전하기 시작했다. 책과 강의는 주제와 관련 내용이 필요했고, 그것을 사주는 고객을 모아야 했다.

유튜브 구독자가 적다 보니 이것을 보완하기 위해 블로그도 본격적으로 운영했다. 블로그는 나에게 있어 애증의 SNS 플랫폼이다. 온라인 마케터로 직장을 다녔을 때 블로그를 거의 전담해서 맡았었다. 블로그 관련 일을 하며 월급을 받았다. 그만큼 블로그를 하루 종일 붙잡고 있었고, 스트레스도 많이 받았다. 그래서 퇴사하고 나서는 블로그는 거들떠 보지도 않았다. 인스타그램과 블로그 마켓을 같이 진행할 때에도 상품을 올려놓는 용도로만 간단하게 사용했다. 하지만 아직은 유튜브 채널의 유입 수가 낮으니 어쩔 수 없이 다시 블로그까지 키우게 됐다. 이렇게 해서 나는 인스타그램, 유튜브, 블로그 세 개의 SNS을 운영하는 인플루언서가 되었다.

"얘들아, 나는 앞으로 파워 블로거가 될 거야!"

"그… 그래. 열심히 해봐. (쉽지 않을 텐데….)"

대학 시절, 나는 광고 동아리와 대학생 마케터로 다양한 대외활동을 했다. 유명한 국내 화장품 회사에서 진행하는 대학생 마케터를 지원했고, 그 모임에서 부반장을 맡았다. 그때 반장이었던 동갑내기 친구가 자신은 파워 블로거가 되겠다고 자주 말했었다. 사실 그때는 반신반의했다. 강원도에서 서울까지 오가며 열정적으로 활동했던 친구였지만, 그 시절 네이버 파워 블로그는 넘사벽 영역이었기 때문이다. 그런데 놀랍게도 그 친구는 진짜로 네이버에서 인정하는 공식 파워 블로거가 됐다. 그것이 나에게는 적잖은 충격을 주었다.

실제로 목적을 달성한 그를 보며, 물음표가 느낌표로 바뀌기 시작했다. 파워 블로거가 된 그 친구를 통해 아무리 큰 목표라도 확신을 갖고 움직이면 진짜로 이룰 수 있다는 것을 알게 되었다. 말도 안 되는 일이 주변에 생기면, 처음에는 혼란스러워도 그 영향이 조금씩 나에게 온다. 그래서 성공한 사람이나 적어도 성장하려는 사람이 옆에 있는 것이 좋다. 주변에 없다면 직접 찾아보자. 더 나아가 내가 그렇게 성장해서 선한 영향력을 나눠도 좋다.

디지털 시대에 인플루언서가 되면 얻을 수 있는 게 많다. 나의 팬과 신뢰의 관계 속에서 선한 영향력을 펼치면서 돈까지 벌 수 있다. 내 목표는 인플루언서 기업가가 되어 경제적 자유를 달성하는 것이다. 그리고 그 방법을 나처럼 개인 브랜딩으로 영향력을 키우고 싶은 분들에게 공유하며 함께 경제적 자유의 길을 가고 싶다. 그렇게 부를 향해서 영향력을 키우고 있는 중이다.

내게 맞는 SNS 채널 선택하여 키우기

나는 현재 유튜브, 블로그, 인스타그램, 이렇게 세 개의 SNS 채널을 키우고 있다. 솔직히 말해서 각각의 장점이 있기 때문에 가능하다면 모두 운영하는 것이 좋다. 그러나 모든 채널을 운영하려면 시간이 부족한 것이 문제이다.

지금 이 시대에서 가장 대세인 SNS는 유튜브이다. 유튜브 채널은 키우긴 어렵지만 채널이 커질 경우, 파급력이 굉장하다. 대신 영상 콘텐츠를 꾸준히 업로드하기 위한 에너지인 시간과 노력이 많이 들어간다.

유튜브는 진입 장벽이 높다. 아무리 가볍게 임한다고 해도 영상을 기획해서 촬영하고, 편집을 한 후 썸네일까지 만들어야 한다. 여기에 얼굴을 오픈할 경우 부담감이 더 커진다. 나의 경우에도 유튜브를 하려고 마음 먹은지 2년 만에 제대로 시작할 수 있었다. 운과 타이밍, 기획력, 화제성을 잘 맞추면 대박이지만 그런 결과를 만들어내는 것은 쉽지 않다. 그럼에도 불구하고 유튜브를 할 경우 많은 기회들이 생기는 것만은 확실하다. 가능하다면 유튜브에 꼭 도전해서 영상을 1년 동안 올려보길 바란다. 아주 강력한 타이탄의 도구가 될 것이다.

나에게 무엇이 잘 맞는지는 해봐야 안다. 물론, 유튜브를 해서 눈에 보이는 결과가 나타나면 좋겠지만, 사실상 처음부터 성공하리라는 보장은 없다. 그러므로 자신의 강점에 맞는 SNS 플랫폼을 찾아서 자리 잡은 뒤, 점차 확장해가는 방법을 사용해도 좋다.

한우물 파기 vs 우물 안 개구리

지금 같은 SNS 춘추 전국 시대에 한 우물만 파는 것이 맞는 걸일까? 그러다 우물 안 개구리가 되면 어쩌지?

나의 의견은 작은 성공을 맛 볼 때까지는 한 우물을 파는 것이 맞다고 생각한다. 작은 성공의 기준은 구독자 수 1,000명이다. 그 이후에 더 크게 키울 것인지, 아니면 다른 우물을 파 볼 것 인지를 결정하면 된다. 빠르게 돌아가는 디지털 세상에서 어떤 플랫폼이 또 다른 대세가 될지는 모른다. 그러나 나를 지지해주는 진정한 팬이 있다면, 마냥 두렵지만은 않을 것이다.

상대적으로 블로그와 인스타그램은 노력만으로도 1,000명의 팬을 만들 수 있다. 블로그는 서로 이웃이, 인스타그램은 맞팔이 공식적으로 가능하기 때문이다. SNS를 대하는 우리들의 자세는 한 우물을 파서 작은 성공을 맛보되, 우물 안 개구리가 되지 않도록 다른 SNS에도 관심을 갖고 확장시켜야 한다는 것이다. 큰 목표를 작게 자른 후 미션을 달성해야 한다. 힘 있는 채널들을 다양하게 늘려가다 보면 시너지 효과가 커지게 된다.

가이드 | 유튜브, 블로그, 인스타그램의 특징

- 유튜브: 동영상 기반 플랫폼, 글로벌 플랫폼, 맞구독 안됨, 난이도 상, 파급력이 좋지만 진입 장벽이 높음
- 블로그: 글 기반 플랫폼, 국내 플랫폼, 서로 이웃 가능, 난이도 중, 정보를 공유하며 활용도가 좋음
- 인스타그램: 이미지 기반 플랫폼, 글로벌 플랫폼, 맞팔 가능, 난이도 하, 운영이 간편해 활성화가 쉬움

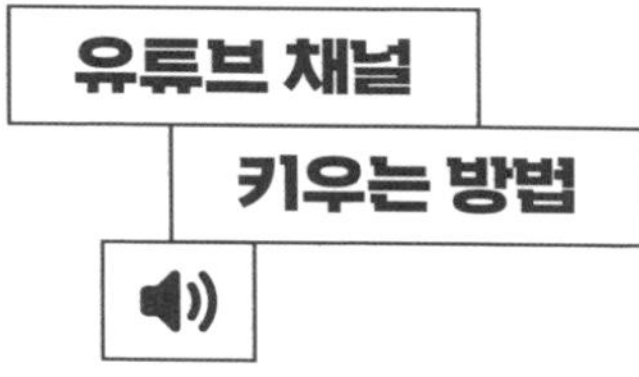

유튜브는 최근 사람들이 하루 중 가장 많이 활용하는 플랫폼이며, 파급력도 상대적으로 큰 편이다. 영상을 기반으로 하다 보니 한 사람의 표정이나 말투, 생각이 영상을 통해 다 느껴진다. 기존에 게임이나 먹방, 키즈, 뷰티 콘텐츠가 중심이었지만 지금은 비즈니스 및 교육 분야 콘텐츠까지 인기가 확장되고 있다.

유튜브는 글로벌한 플랫폼이며, 구독자 1,000명, 시청 시간 4,000시간이라는 기준이 되면 영상에 붙는 광고를 통해 영상 콘텐츠만으로도 수익화가 가능하다는 큰 장점이 있다. 그래서 많은 사람들이 유튜버가 되는 것에 관심이 많다.

1인 미디어의 대표 플랫폼인 유튜브는 '퍼스널 브랜딩'을 하기에 최적화되어 있다. 유튜버의 유행어를 따라하고, 유튜버 캐릭터의 상품을 구매하는 구독자 팬이 존재한다. 제품을 협찬 받아서 PPL로 자신의 유튜브 영상에 유료 광고라는 문구와 함께 노출시키면, 거액의 돈을 받기도 하며 인기 유튜버의 경우에는 방송에 출연하고 CF를 찍는 경우도 많아졌다.

이제는 유튜브 자체가 하나의 글로벌한 문화로 받아들여졌으며, 대한민국에서도 전 연령대가 하루에 가장 많은 시간을 쓰는 플랫폼이기도 하다.

하지만 일반인이 운영하기에 많은 장벽을 갖고 있다. 동영상을 기반으로 한 플랫폼이기에 촬영이 기본적으로 필요하다. 개인 브랜딩을 목적으로 한다면, 유튜버의 토크 실력도 필수이다. 그리고 얼굴을 오픈한다는 것 자체가 일반인에게 부담스럽기도 하다. 그럼에도 불구하고, 장점이 많은 플랫폼이기에 나도 유튜버에 도전했다.

유튜브로 돈 벌 수 있는 방법은 다양하다. 먼저, 유튜브 플랫폼 자체에서 제공하는 광고비가 있다. 영상 사이에 나오는 광고는 조회 수의 영향을 많이 받는다. 영상 내에서 자체적으로 협찬 상품을 노출하는 광고 형태도 있다. 그리고 라이브를 할 때 팬이 직접 돈을 주는 슈퍼콘도 있다. 또한 별도의 교육 프로그램이나 판매 중인 상품과 관련된 영상을 제작해서 별도의 플랫폼에서 직접 판매할 수도 있다.

유튜브가 잘되기만 한다면, 수익화할 수 있는 요소가 무궁무진하다. 그러나 유튜버로 성공하는 것은 쉽지 않기에 본격적으로 유튜브를 하기로 마음 먹었다면, 장기적인 관점으로 길게 보는 안목이 필요하다.

ON 가이드 | 효과적인 유튜브 운영 팁

- 촬영과 편집은 최대한 간편하게! (스마트폰 활용)
- 꾸준히 업로드할 수 있는 주제로! (1년간 지속)
- 운영 시간 확보하기! (주 1회 업로드 목표)
- 광고 외의 수익 확장! (강의, 판매, 협찬 등)

* 녹스 인플루언서 (kr.noxinfluencer.com/) 사이트에서 크리에이터 데이터 정보 확인

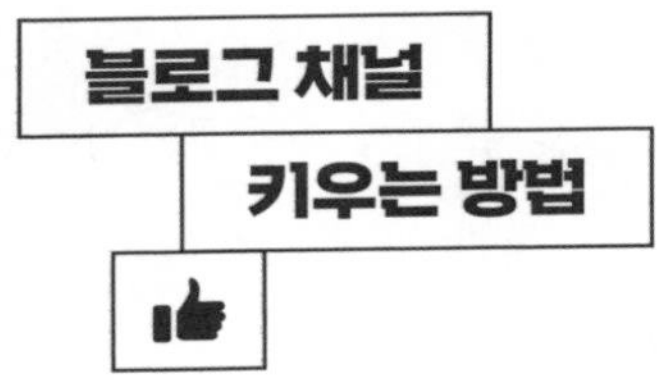

네이버 블로그는 SNS 플랫폼 중에서 가장 오래 됐지만, 현재까지도 효과적인 플랫폼이다. 과거에는 파워 블로그가 되면 최고였던 시절이 있었다. 하지만 지금은 블로그의 힘이 많이 약해졌다. 그럼에도 불구하고 오직 한국인들만 활동하는 공간이기에 교육적이고, 지역 기반 사업과 육아 분야 사업이라면 활용도가 높은 편이다.

30~50대 타깃인 재테크나 투자 관련 사업을 하거나 지역을 기반으로 하는 오프라인 업체와 주부들을 타깃으로 하는 육아 아이템을 팔고 있다면 충분히 승산 있는 SNS 채널이다.

내가 공구마켓을 진행할 때, 인스타그램에서 상품을 홍보한 후 블로그 URL을 프로필 상단에 공지해서 고객들이 유입될 수 있게 했다. 블로그 포스팅 방법과 네이버 스마트스토어의 상세 페이지 형식이 동일하기에 이질감이 거의 없었다. 다만, 제품 주문을 비밀 댓글이나 네이버 폼을 클릭해서 진행한다는 차이가 있을 뿐이다. 보통 상품 주문은 계좌 이체로 받으며 일정 기간 동안 선 주문을 받아 마감하고, 후 배송하는 형태로 진행한다. 말 그대로 블로그 스토어가 되는 것이다.

제품이 아닌 오프라인 강의나 온라인 교육 프로그램을 운영할 때도 블로그는 활용도가 높다. 블로그 이웃 수는 서로 이웃 최대 5,000명까지 가능하며, 하루 최대 100명을 셀프로 추가 할 수 있다. 스스로 서로 이웃 추가를 꾸준히 하다 보면 잠재 고객 5,000명을 빠른 시간 안에 확보할 수 있다.

블로그와 관련된 강의를 할 때 마다 강조하는 것이 있다. 바로, '블로그 이웃을 추가하는 노하우'이다. 첫 번째로 자신이 관심 있어 하는 키워드를 검색한 후 상위 노출된 블로그를 서로 이웃 신청하는 것이다. 예를 들면 네이버 검색 창에 [부의 추월차선 책 리뷰]를 검색해서, 리뷰 글을 작성한 블로거들에게 이웃을 신청하는 것이다.

두 번째는 롤 모델로 생각하는 이웃 수가 많은 인플루언서의 최신 글에 공감을 누른 사람들에게 서로 이웃을 신청하면 좋다. 이들은 가치관이 비슷하기에 잠재 고객이 될 가능성이 높다. 무엇보다 하트 모양의 공감 버튼을 누르면 이웃 신청하기가 편하게 되어 있어 강력 추천하는 방법이다.

블로그 이웃 수가 10명인 블로거와 3,000명이 있는 블로거는 비슷한 내용의 포스팅이라도 느낌이 다르다. 이것이 바로 인플루언서의 영향력 차이 인 것이다. 최근에는 네이버에서 유튜브를 견제하다 보니 [인플루언서 검색]을 도입하고 있다. 이런 트렌드를 발 빠르게 캐치한다면, 좋은 타이밍에 운 좋게 인지도를 빠르게 올릴 수 있다. 대표적인 카테고리로는 뷰티, 여행, 리빙, 푸드, 육아 등이 있다. 특정 집단의 대표가 되는 인플루언서 블로거가 되어 전문가로 성장하는 것도 좋은 방법이다.

블로그는 '글'이라는 포스팅을 기반으로 사진과 동영상 삽입이 가능하기 때문에 활용도가 높은 편이다. 전문적인 지식이 돈

ON 가이드 | 효과적인 블로그 운영 꿀팁

- 주 3회 포스팅 추천! (전문성 글)
- 가독성 좋게 이미지, 동영상, 템플릿 활용!
- 서로 이웃을 추가하며 자주 소통하기!
- 애드포스트 외 강의, 협찬, 공구로 수익 확장!

* 애드포스트(adpost.naver.com): 블로그 운영 90일, 게시 글 50개 이상, 활동성이 높으면 가입 가능

보이는 장문의 글쓰기 실력을 키우면 체류 시간이 길어져서 더 유리하다. 그리고 블로그 글쓰기를 할 때, 무엇보다 제목이 중요하다. 제목 안에 내가 노출하고 싶은 키워드를 미리 정해놓고 작성하면 좋다. 제목만 봐도 사람들이 클릭하고 싶게 호기심을 자극하는 카피라이팅 연습도 필요하다.

그리고 한 가지 당부하고 싶은 것은 절대로 블로그에 일기를 쓰지 말라는 것이다. 생각보다 많은 사람들이 내 블로그를 지켜보고 있다. 나의 이웃이 보고 있고, 검색해서 우연히 들어온 행인이 보고 있으며, 네이버 로봇이 보고 있다.

아예 포스팅을 안 하는 것보다는 낫겠지만, 블로그에 일기를 쓰는 것은 되도록 지양하고, 도움이 될 만한 전문적인 정보성 포스팅에 자신의 생각이 같이 들어가 있는 글을 쓰려고 노력해보자. 블로그에 글 쓰는 것이 어려운 분들은 자신의 관심 주제의 책 리뷰를 쓰는 것을 추천한다. 그렇게 리뷰를 쓰다 보면, 생각도 정리되고 책 정보를 찾는 사람들에게도 도움이 된다.

나는 블로그 강의를 듣는 분들께 특별한 미션을 준다. 블로그에 4주 동안 열 개의 포스팅을 하고 이웃 수 1,000명을 달성하는 것이다. 이렇게 미션으로 강제성을 갖게 되면 목표 의식이 강력해진다. '진정한 팬 1,000명만 있어도 먹고 사는 데 지장이 없다.'라는 말도 있지 않은가? 그렇게 4주 동안 주어진 미션을 꾸준히 한 분들은 작은 성공을 이루게 되고, 블로그 운영에 자신감이 생긴다. 여기에 블로그 포스팅 글에 반응해주는 이웃들이 생긴 것은 덤이다. 그러니 여러분들도 4주간 미션을 스스로 진행해보길 바란다. 분명 작은 성공의 기적을 맛볼 거라 믿는다.

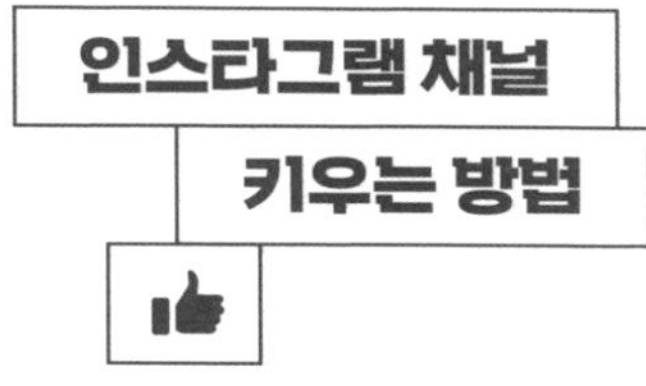

인스타그램 채널 키우는 방법

페이스북의 인기가 사그라들면서, 감성적인 이미지 위주의 인스타그램을 하는 사람들이 늘어났다. 인스타그램에서는 20~30대 여성들이 좋아할만한 예쁜 이미지들이 인기가 많다. 그래서 패션, 뷰티, 맛집, 예쁜 카페 등이 상업적으로 활성화되어 있다. 해시태그 기능을 활용해서 검색할 때 간편하게, 원하는 정보를 빠르고 편하게 찾을 수 있다.

네이버 블로그의 맛집 포스팅이 상업적으로 많이 퇴색되면서, 인스타그램 맛집으로 젊은 세대들이 검색 플랫폼을 바꾸고 있다. 누구나 쉽게 인기 피드와 최신 피드들을 이미지로 한눈에 볼 수 있다. 무엇보다 셀카 사진을 많이 올리다 보니 인플루언서의 영향력이 큰 플랫폼이다. 연예인들도 인스타그램을 많이 하고 있으며, 일반인도 개인 브랜딩으로 인지도를 높이고 있다. 사진 업로드가 메인이기 때문에 팔로워 수와 피드 업로드 속도, 파급력이 굉장히 빠르다.

무엇보다 글로벌한 플랫폼이기 때문에 외국인들과도 소통할 수 있다. 인스타그램을 시작할 때는 자신의 셀카 사진을 오픈하는 것부터 자연스럽게 받아들여야 한다. 그리고 이왕이면 예쁘게 찍는 것이 좋다. 그것이 어렵다면, 친근한 느낌이라도 표현해보자. 이때 자신만의 컨셉을 통일성 있게 보이면 더 좋다.

색상 컬러가 비슷하거나, 사진 구도를 특색 있게 찍을 경우에 주목을 받는다. 대표적으로 로라 이즈미카와는 딸아이가 낮잠을 잘 때 다양하게 변신시킨 사진으로 이슈가 됐다. 4개월 된 아기 조이의 다양한 코스프레 사진 덕분에 로라의 인스타그램은 폭발적인 인기를 누리고 있다.

인스타그램에서 사람들은 자신과 비슷한 무리의 사람들과 소통하고 싶어한다. 예를 들면 #육아소통 #주부소통 #일상소통 #소통해요 등이 있다. 혹은 정말 예쁘고 멋진 이미지를 보며 대리 만족을 하는 경우도 많다. 그래서 멋진 풍경이나 예쁜 인테리어, 스타일리시한 셀럽들의 인스타그램이 인기가 많다.

나는 아이 옷을 판매하기 위해 #육아스타그램 키워드를 공략했다. 처음부터 상업적인 느낌으로 간 것이 아니라, 평범한 엄마의 소통 채널로 운영했다. 귀여운 딸아이의 사진과 짧은 영상을 올리며, 나와 비슷한 주부들과 맞팔을 했다. 그리고 나의 메인 타깃인 아이를 키우는 주부들을 상대로 집중적으로 소통했다.

그렇게 선팔, 맞팔 작업을 통해 소통하며 팔로워 수를 3,000명 채우고 홍보를 시작했다. 일상을 공유하고, 오랫동안 소통했던 인스타 친구들은 자연스럽게 이벤트에 참여했고, 친구나 아는 언니에게 상품을 사는 느낌으로 구매가 진행되었다. 이것이 바로 인스타그램이 갖고 있는 소통의 힘이라고 할 수 있다.

가이드 | 효과적인 인스타그램 운영 꿀팁

- 매일 피드 올리기! (일상 소통)
- 예쁜 이미지나 얼굴 사진 활용하기!
- 메인 고객과 맞팔을 하며 좋아요 & 댓글 달기!
- 주요 수익 구조는 상품 협찬 또는 직접 판매로 진행하기!

* # 해시태그를 이용해 댓글의 '답글 달기'로 쓰면, 가독성을 헤치지 않으면서 검색 유입까지 가능하다.

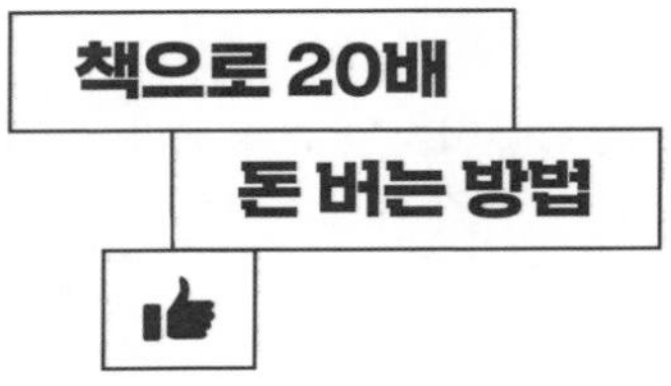

책 한 권을 사서 20배를 돈 버는 방법이 있다면, 시도해볼 것인가? 책 한 권의 가격이 보통 15,000원이라고 했을 때 30만 원을 벌 수 있는 것이다. 물론, 그것보다 적게 벌거나 더 많이 벌 수도 있다. 그 방법은 바로 모임을 직접 주최하는 것이다. 자신에게 교육이 가능한 콘텐츠가 있다면 강의를 해도 좋고, 강의가 부담된다면 스터디를 주최하면 된다. 누구나 모임을 기획해서 사람들을 모집하고, 운영하는 것이 가능하다.

나의 경우는 책 한 권을 사서 20배를 벌었던 경험이 꽤 많다. 먼저, 독서 세미나를 열어서 1인당 3만 원을 받고, 진행한 경험이 있다. 그날 10명 정도가 참여했고, 2시간 동안 30만 원을 벌었다. 그리고 책 쓰기 스터디로 1인당 9만 원을 받고, 3개월 프로젝트를 모집했다. 그때는 세 명이 참여해서 27만 원을 벌었다. 오직 온라인에서만 진행하는 개인 브랜딩을 위한 책 스터디를 통해 30만 원을 넘게 벌기도 했다. 참여 인원은 모두 블로그에서 모집했다. 물론 모임을 주도적으로 이끌면서 좋은 정보를 나누는 책임감이 컸지만, 이를 통해 오히려 내가 더 많이 배울 수 있었다. 모임에 참가한 분들과 함께 공감하며, 진심으로 서로를 응원했다. 또한 사람들과 다양한 인사이트를 나눌 수 있는 것이 무엇보다 좋았다.

개인 브랜딩으로 나라는 사람을 홍보하고, 영향력을 키우기 위해선 강연하는 것을 낯설어 하면 안 된다. 나의 경우 무대 공포증이 있었다. 그러나 개인 브랜딩을 하기로 마음 먹은 이상, '무대

가이드 | 책 한 권으로 20배 돈 버는 온라인 독서 스터디

- 자신의 SNS에서 책에 관심 있는 사람들을 모은다. (1,000명 목표)
- '온라인 독서 스터디'를 기획한다. (운영 기간, 참여 비용, 스터디 방법 정리)
- 블로그에 모집 글을 작성한다. (다른 스터디 모임의 모집 글 세네 개 벤치마킹)
- 모집 마감 후, 참석 멤버들을 카카오톡 단체 채팅방에 모두 초대한다.
- 해당 기간 동안, 멤버들과 서로 도움을 주며 운영 방법에 맞춰 스터디를 진행한다.

* 온라인 화상 미팅 줌(www.zoom.us/meetings)을 활용해 스터디도 가능하다.

공포증'을 반드시 극복해야만 했다.

처음부터 혼자서 강의를 하면 힘들 거라는 생각이 들었다. 그래서 멘토 언니에게 같이 강의를 하자고 부탁했다. 이름하여 '멘토위드미' 모임을 기획했다. 그렇게 멘토와 함께 하는 강의를 열었다. 그리고 일반적으로 딱딱한 강의장이 아닌, 강남역 근처의 작은 카페를 통째로 대관했다. 평소에 카페에서 사람들과 커피를 마시며 이야기하는 것은 편안했고, 좋아했기 때문에 그런 분위기에서 한층 더 안정감을 느꼈다.

마지막으로 강의를 잘 진행할 수 있도록 마음을 다잡기 위해 김미경 님의 『아트 스피치』를 읽었다. 스피치 스킬을 알려주는 것도 좋았지만, 무엇보다 김미경 님도 초보 강사 시절이 있었다는 고백이 위로가 되었다. 강의는 하면 할수록 실력이 늘어서 괜찮다고, 처음 강의할 때는 엄청 떨었다는 이야기가 마음에 와 닿았다. 강의를 하다 보면 실력이 좋아진다는 책 내용이 '괜찮아! 너도 충분히 강의를 할 수 있어!'라고 하는 것 같았다. 누구에게나 처음이 가장 힘들고 어려운 것 같다.

'그래, 누구나 처음이었던 시절이 있어! 초보인 내가 '왕초보'를 알려주면 되는 거야.'

완벽하게 준비된 최고의 전문가만 무대에 서서 강의할 필요는 없다고 생각한다. 그 전문가들조차도 떨리는 첫 강의를 한 경험이 있다. 다만, 그 경험이 쌓이면서 노련해진 것이다. 처음이라는 두려움을 이겨낼 수 있는 사람만이 전문가로 성장할 수 있다. 나 같은 초보가 왕초보를 알려준다는 마음으로 일단 시작하면 된다.

왕초보 수강생들은 강의 고수의 스피치 실력을 보려고 온 것이 아니다. 그저 자신보다 한발 앞선 사람을 보고, 왠지 따라갈 수 있을 것 같다는 동기 부여와 지금 바로 따라서 시작할 수 있는 정보와 메시지가 궁금해서 온 사람들이다. 그래서 화려한 제스처와 쇼맨십 보다는 사람들에게 전해주려는 메시지에 좀 더 집중하려고 노력했다.

먼저 나에게 가장 큰 매력은 무엇일까? 사람들이 궁금한 부분은 뭘까? 생각해보니 '전업주부가 아이 키우며, 혼자 온라인 쇼핑몰 창업해서 월 매출 1,000만 원 달성했다.'는 것이었다. 내가 갖고 있던 노하우를 토대로 '온라인 창업으로 월 1,000만 원 돈 버는 법' 강의를 진행했다.

어떠한 결단을 내린 후에는 그것을 할 수 있는 환경을 만드는 것이 매우 중요하다. 그래서 나는 첫 강의를 무사히 마칠 수 있도록, 멘토 언니와 함께 강의를 진행했다. 그 과정에서 나와 멘토 언니는 강의 준비를 위한 사전 미팅을 다섯 번이나 했다. 서로의 강의 내용을 피드백하며, 발표 자료도 몇 번이나 수정했다.

비록, 강의실 대관에 투자를 많이 해서 실질적으로 둘이 같이 번 첫 강의의 순수익은 1만 원이었다. 그러나 꾸준히 하다 보니 두 달 후 강의로만 혼자서 300만 원을 벌었다.

거기에서 멈추지 않고 이어서 커뮤니티 모임을 만들고, 사람들을 이끌며 점점 영향력을 키워나갔다. 나 자체를 개인 브랜딩하는 방법으로 책 쓰기도 효과적이라고 생각했기에 함께 책 쓰기를 진행할 스터디 멤버들도 바로 모집했다. 이번에는 세 달간 진행하는 장기 프로젝트였다.

사실 책을 낸 적 없는 예비 작가가 모집하는 스터디라서 부담감이 있었다. 그리고 주변에서 들려오는 염려하는 또는 비웃는 목소리가 나를 주눅 들게 했다. 그럼에도 불구하고, 끝까지 최선을 다했다. 결핍에 대한 오기가 생겼을 때 모임을 주최하면 그 에너지를 연료로 오래 쓸 수 있다. 다른 누군가에겐 나의 행동이 하찮아 보일 수도 있겠지만, 적어도 한심한 존재가 되고 싶지는 않았다. 질투심에 사로잡혀 상대방을 낮은 곳으로 끌어내리기보단, 위에 있는 롤 모델을 보고 따라서 올라가려고 노력했다.

책 쓰기 스터디 멤버들과 어떻게 하면 책 출판이 가능할지 연구하고, 멤버들이 개인 브랜드를 잡을 수 있도록 도왔다. 그들이 쌓아온 커리어를 분석하고, 같이 고민하며 콘셉트을 잡아줬다. 그리고 SNS 운영 가이드를 코칭했다.

사실 쉽지만은 않은 과정이었다. 나도 시작한지 얼마 안 된 초보였기 때문이다. 그러나 왕초보인 멤버들을 진심으로 돕고 싶었다. 내가 직접 온라인 SNS를 운영하며 알게 된 운영 노하우를 멤버들에게도 알려줬다. 한 달에 두 번씩은 강의를 이어갔고, 그것이 발전되어 1:1 코칭을 하고, 온라인 정규 과정과 세미나도 운영했다. 그렇게 한 달, 두 달, 그리고 1년을 하고 나서 지난 날을 돌이켜보니 정말 눈부시게 빛나는 강의 커리어들이 쌓여 있었다.

온라인 쇼핑몰 창업 노하우를 혼자만 알고 있어도 됐지만, 장기적인 성장을 위해 사람들에게 선한 영향력을 나누기 시작했다. 혼자서만 개인 브랜딩을 키울 수도 있었지만, 멤버들을 모집해서 함께 영향력을 키우고, 서로가 잘 되기를 바라며 진심으로 도왔다.

부자가 되고 싶어서 읽은 『부의 추월차선』에서 말하는 '영향력의 힘'을 키우는 방법들이 처음에는 어렵고 이해가 잘 되지 않았다. 하지만 직접 영향력을 키우며 사람들을 돕다 보니 조금씩 그 개념이 잡히게 되었다. 신기한 것은 혼자 돈만 벌 때 보다 만족도가 훨씬 더 높아졌다는 사실이다. 물론 사람과의 관계에서 오는 어려움도 간혹 생겼지만, 이러한 경험을 통해 많은 깨달음과 배움을 얻어 부자의 그릇을 키울 수 있었다. 나의 성장과 더불어 다른 사람들을 챙기고 돕다 보니 이것이 '부의 순환'이라는 것을 알게 됐다.

혼자서 돈 벌기는 어렵다. 결국, 사람이 있어야 돈이 흐르고 부자가 된다. 문제를 갖고 있는 왕초보를 초보인 내가 도와서 함께 성장했을 때 영향력이 커진다. 이것이 바로 함께하는 시너지 효과라고 생각한다. 지금 당장, 자신이 도울 수 있는 왕초보가 어디에 있는지 찾아보길 바란다. 그리고 진심으로 그 사람들을 돕기 시작해라. 돈을 받고, 그 이상의 가치를 주면 된다. 그 가치가 당신에게 엄청난 부를 가져다줄 것이다. 결국 모든 것은 선함을 바탕으로 해야 한다. 내가 먼저 선한 영향력을 나누면, 그것이 순환되어 다시 나에게 행운으로 돌아온다.

경제적 자유를 위한 월급 외 수익 만들기

요즘 같은 디지털 시대에서는 빠른 적응력과 유연성이 중요하다. 지금 와서 내가 잘했다고 생각하는 것은 타이탄의 도구를 모으는 취미를 갖고 있었다는 것이다. 나는 어려서부터 호기심이 생기면 무엇이든지 직접 경험해야 성이 차는 사람이었다. 그리고 마케터로 일하다 보니, 새롭게 나오는 온라인 툴을 기본적으로 다뤄야 직장에서 활용할 수 있었다. 그래서 새 도구들을 받아들이는 것이 처음에는 어려웠지만 계속 익숙해지려고 노력했다.

세상에 쓸모 없는 도구는 없다. 알아두면 언제가 반드시 쓸모 있는 순간들이 찾아온다. 한 분야에서 상위 10%가 되는 것은 어렵지만 두 개 이상의 분야에서 각각 20~30%가 되는 건 훨씬 수월하다. 나 역시 1인 창업을 해서 월 매출 1,000만 원을 달성했지만 이 결과로 상위 10%에 속한 것은 아니다. 월 1,000만 원 이상 버는 사업가는 생각보다 정말 많다. 하지만 전업주부가 아이 키우며, 이 정도의 돈을 버는 사람은 흔하지 않다. 여기에 자신의 SNS까지 운영하며 개인 브랜딩을 하는 사람은 정말 소수에 불과하다. 이렇게 여러 요소를 합친 뾰족한 틈새를 찾아냈다.

SNS도 마찬가지다. 유튜브의 구독자가 적어서 아직 인지도가 약하다면, 인스타그램과 블로그라는 도구를 추가하면 된다. 이것이 서로를 상호 보완해줄 것이다. 온라인 쇼핑몰만 운영하는 단순한 기업가보다, 개인 브랜딩으로 영향력을 키우며 팬들과 소통하는 인플루언서 기업가가 더 특별하다. 이렇게 차별화된 타이탄의 도구를 통해 월급 외 수익을 벌 수 있다. 나만의 도구를 가치 있게 활용하면 경제적 자유로 가는 길이 훨씬 더 빨라진다.

100세 시대를 살고 있는 지금, 평생 직장은 없다는 사실은 누

ON 가이드 | 월급 외 수익, 온라인 수익 창출 만들기

- 상품 판매: 스마트스토어, SNS 공구-아이템 소싱 및 유통(소매)
- 콘텐츠 판매: 전자책, 강의, 스터디, 코칭-가치 있는 지식 생산, 유통
- 광고 수익: 플랫폼 자체 광고, 협찬(PPL), 어필리에이트-홍보(파급력)

* 자신이 판매하려는 상품 / 콘텐츠 / 광고를 구매하는 메인 고객들을 SNS으로 모으기

구나 알고 있다. N잡러가 되어 월급 외 수익을 벌어 퇴사 후의 삶을 대비해야 한다. SNS만 잘 키우면 직장인 투잡과 집에서 하는 부업 형식으로도 충분히 수익을 창출할 수 있다. 온라인에서 돈을 벌 수 있는 방법은 크게 세 가지로 나뉜다. 상품 판매와 콘텐츠 판매, 그리고 광고 수익이다. 지금 시대에는 SNS를 단순히 취미로 끝내서는 안 된다. 무한한 가능성의 수익 창출 도구로 활용해야 한다.

과거에 판매를 하기 위해서는 오프라인에서 가게를 열어야 했다. 그러나 요즘은 온라인에서 월세 부담 없이 가게를 열 수 있다. 잠자고 있는 동안에도 주문이 들어오고, 그것을 처리하는 시스템도 잘 되어 있다. 다만, 수요가 많은 아이템을 찾고 온라인 마케팅도 할 줄 알아야 한다.

그 다음으로 콘텐츠 판매는 개인 브랜딩을 토대로 교육 서비스를 하는 것이다. 이때, 물건이 아닌 가치 있는 지식을 생산해서 판매하는 형태이다. 전자책, 동영상 강의, 단체 채팅을 활용한 스터디, 1:1 맞춤 코칭이 가능하다. 직접 자신의 SNS을 활용해서 콘텐츠 판매가 가능하며, 재능 마켓 사이트 크몽, 탈잉, 클래스101에서 수수료를 내고 콘텐츠 판매를 진행할 수 있다.

마지막으로 광고 수익은 플랫폼 자체에서 광고비를 받을 수 있다. 대표적으로 유튜브와 블로그에서 가능하며, 상대적으로 유튜브의 광고 수익 창출이 매력적이다. 유튜브 조회수가 높을 경우, 광고비로만 월급 이상의 돈을 벌 수도 있기 때문이다. 콘텐츠 자체에서 상품을 홍보하는 협찬 비용도 팔로워 수에 비례해서 높아진다. 그리고 '어필리에이트'라는 제휴 마케팅은 상품 URL을 SNS에 올리고, 이 링크를 통해 구매된 금액에 대한 수수료를 받는다. 대표적으로 아마존, 쿠팡 파트너스가 있다.

잘 키운 SNS 하나로 월급 이상의 수익을 버는 세상이 되었다. 연예인이 아니어도, 자본금이 많지 않아도 큰돈을 벌 가능성이 있다는 것은 정말 감사한 일이다. 이미 레드오션이라고 생각하기보다는 나만의 차별화로 틈새 시장을 찾아보길 바란다. 언택트 시대가 되면서, 디지털 가속화로 온라인 시장이 점점 더 커질 것이다. SNS을 활용해 돈을 버는 것이 이제는 선택이 아닌, 필수가 됐다. 그러니 더 이상 외면하지 말고 더 늦기 전에 지금 바로, 온라인에서 돈 버는 방법들을 살펴보고 관심을 가져보자.

포기 NO, 꾸준함 ON! 구슬도 꿰어야 보배다

물은 100도가 되어야 끓기 시작한다. 열을 가해서 온도가 축적되어야만 100도까지 갈 수 있다. 사람도 변화를 느끼려면 임계점을 넘어야 하는데, 임계점인 100도까지 가기가 쉽지 않다. 솔직히 말해서 나는 임계점을 넘지 못하고 포기한 적이 많다. 항상 시작은 잘했지만 마무리가 약했다. 3개월에 한번씩 포기하고 싶은 위기가 찾아왔다. '역시 난 안돼…. 힘들어, 더 이상 못하겠어.'

그럴 때 마다 주변 사람들에게 고민을 이야기 했다. 다행히 지인들이 내게 진심으로 조언을 하고, 좀 더 해보라고 용기를 줬다. 그리고 성공한 사람들의 책과 영상, 글을 찾아서 봤다. 그렇게 다시 힘을 냈다.

성공한 사람의 어려움, 난관, 실패를 보고 오히려 동기 부여가 됐다. 저렇게 대단한 사람도 나와 같은 사람이구나. 그럼에도 불구하고, 그걸 노력으로 극복해 나갔구나. 그러면서 느낀 점이 있다. 그것은 바로, 구슬도 꿰어야 보배라는 사실이다. 그동안 흘린 땀방울이 아깝지 않게, 하나로 꿰어서 보배로 완성하는 것이 얼마나 값진 일인지 깨달았다.

그렇게 쇼핑몰 운영과 SNS 브랜딩, 책 쓰기도 위기를 극복하며, 꾸준히 이어 나갔다. 두려운 일이 닥쳤을 때 그것에 대해 '미리 겁먹지 말자.'고 마냥 나쁜 것만은 아닐 거라고 마음을 다잡았다. 어떤 상황에 대해 안 좋게 생각하면 그렇게 되어버린다. 하지만, 모든 것에는 양면성이 있다. 장점과 단점 중에서 내가 취할 것을 선택하면 된다. 그러니 포기 NO를 외치며 꾸준함을 ON해 보자! 그 결과로 내 삶의 멋진 보물들을 기적처럼 꼭 찾아내길 바란다. 우리는 지금 이 순간에도 '해피 엔딩'을 향해 가고 있다.

나답게 돈 버는 엄마의 To Do List

#3 돈을 부르는 감사 확언

무언가에 확신을 갖는다는 것은 정말 중요하다. 30년 넘게 평범한 삶을 꿈꾸던 내가 갑자기 부자가 되기로 마음 먹었으니, 두렵고 불안한 마음이 드는 것은 당연했다. 그래서 '부자가 되어도 괜찮다.'는 환경을 만들었다. 그동안 돈으로부터 자유롭지 못했던 고정 관념을 바꾸기 위해 노력했다. 부자가 되는 비전보드를 만들어서 눈에 익히고, 100일간 세 가지 소원 노트를 쓰면서 멋진 목표를 손에 익혔다. 그리고 감사 확언을 계속 말하면서 돈을 부르는 말투를 습관화했다. 켈리 최 회장의 확언 내용을 참고해 반복적으로 말하며 기분 좋은 상태를 유지했다.

매일 아침마다 노트에 적은 감사 확언을 소리 내어서 읽는다. "나는 부자다. 나는 행동하는 자이다. 나는 내가 원하는 것을 끌어당기고 있다. 나는 운이 좋다. 나는 돈이 붙는 자석이다. 나는 좋은 일이 계속 생긴다. 나의 모든 경험은 돈이 들어오는 징조이다. 모든 것에 감사합니다. 모든 것을 사랑합니다."

확언 내용은 앞에 '나는'이라고 시작해서 긍정적 단어를 쓰고 이미 진행하고 있는 느낌의 현재형으로 작성한다.

21일간 확언을 습관화하면, 잠재의식이 변화하는 것을 느끼게 된다. 생각 없이 부정적으로 하던 말버릇을 바꿀 수 있다. 생각과 말투가 긍정적으로 바뀌면서 행동에게까지도 좋은 영향을 줬다. '감사 확언'의 효과를 보고, 내가 주최하는 모임에서도 같이 하도록 권장했다. 멤버들과 함께 아침에 눈뜨면 각자 확언을 녹음해서 단톡방에 공유했다. 그 과정에서 서로의 확언을 들으며 동기부여를 하고, 강한 확신을 키울 수 있었다.

말이 씨가 된다는 속담이 있다. 무심코 한 말이 실제로 이루어질 수 있으니 말을 조심하라는 뜻이다. 가끔씩 나도 모르게 불만불평을 말할 때가 있다면, 그때는 바로 마음을 토닥토닥 두드려주고 다시 긍정적으로 바꿔서 말을 하길 바란다. 예를 들어서 "이거 너무 불편해." 대신에 "이것은 편안하지 않네."라고 말하면 된다. 해석은 같지만 계속 불편하다고 하면 불편한 상황이 올 것이다. 그러나 내가 편안하지 않다고 하면, 결국 편안함을 원함으로 그것과 가까워지게 된다. 그리고 기분이 풀리도록 '감사합니다.'

를 반복한다. 부자들은 '감사하다.'는 말을 많이 한다. 그 말투 하나로 감사한 일들이 계속 생기는 것이다. 나도 감사 확언을 하면서 더욱 의식적으로 좋은 말을 하게 됐다. 그리고 나의 긍정적인 말들이 씨앗이 되어서 멋진 결과로 돌아오는 것을 경험했다. 목표에 대한 확신을 갖고 싶다면, 감사 확언을 해보길 바란다. 좋은 말은 행운과 부를 끌어당긴다.

우리는 모두 별이고, 빛날 가치가 있다

나는 여전히 두렵고 무섭다. 내가 얼마나 겁쟁이인지 주변에 아는 사람은 다 알고 있다. 그럼에도 불구하고, 깜깜한 어둠을 향해 나 여기 있다고 한 번 반짝해본다. 그리고 용기를 내서 다시 한 번 더 반짝하는 것이다. 포기하지 않고 나아간다면 결국, 반짝반짝 별처럼 빛날 것이다. 그 빛을 보고 또 다른 별들이 용기를 내서 반짝반짝 같이 빛날 수 있기를 바란다. 아무리 힘든 세상이라도 많은 별들이 어둠 속을 밝게 비춰준다면 그래도 살아볼 만하지 않을까?

나는 아직 큰 성공을 한 것은 아니다. 그러나 빛나기 시작했고 앞으로도 빛날 것임이 분명하다. 내가 이 책에 소개한 내용들을 반드시 자신의 상황에 맞춰서 검증해보고, 조금씩 시작하면서 계속 수정 보완해야 한다. 스스로 자신만의 최소한의 기준과 원칙을 세우길 바란다.

또한 내 이야기 중에서 자신의 생각과 다르다고 느끼는 부분도 있을 것이다. 그것은 너무나 당연한 것이다. 다 아는 말이고 뻔한 소리로 들릴 수도 있다. 그럼에도 불구하고 이 책의 내용 중에서 조금이라도 와닿는 단 하나의 문구라도 삶에 적용해보길 소망한다. 아무것도 하지 않으면 아무 일도 일어나지 않는다. 그러나 내가 변하면, 모든 것이 변한다. 여기에 선한 의도와 확신에 찬 신념도 중요하다. 우리는 모두 별이고, 빛날 가치가 있다. 그러니 용기내보자.

지금 가진 것만으로 할 수 있는 것부터 차근차근 나답게, 물방울을 떨어트리자. 꾸준히, 간절하게 말이다. 작은 물방울의 꾸준함이 바위를 뚫는다. 큰 바다도 작은 물방울이 모여서 만들어졌다. 나의 이야기가 담긴 절실한 기도가 물방울이 되어 다른 사람들의 마음을 울릴 때, 기적이 일어나는 것이다.

고민을 동반한 실천을 하자. 수정 보완은 필수이다. 고민하고 생각을 키워 실행하다 보면 시행착오를 겪는다. 그 과정에서 깨달음을 얻을 수 있을 것이다. 과정이 없는 결과는 없다. 고민의 깊이가 커진 만큼 내공이 쌓인다. 그리고 그것을 계속 발전시켜가면 된다. 다만, 고민과 실천하는 시간을 따로 나눠서 일의 효율성을 높이는 것이 좋다.

토끼와 거북이라는 우화에서 사람들은 당연히 발이 빠른 토끼가 이길 거라고 예상했다. 그러나 성실하고 꾸준한 거북이가 승리하게 되는 놀라운 반전이 있었다. 세상에는 나보다 잘난 사람들이 많다. 그들은 토끼처럼 빠르게 앞서 나간다. 그 상황을 보고 있으면 괜히 질투가 난다. 좌절감도 느낀다. 이때, 우리는 거북이인 것을 인정해야 한다. 대신 거북이 중에 높은 목표를 향해 나아가는 '급진적 거북이'로 멋지게 성장하면 된다.

급진적 거북이란 목적지에 대한 믿음은 누구보다 강한 급진성을 갖지만, 반면에 목적에 도달하는 과정은 거북이처럼 당장 할 수 있는 것부터 꾸준히 실행하는 것을 말한다. 그렇게 가다 보면, 급진적 거북이가 물을 만나는 날도 올 것이다. 바다에선 거북이가 느리지 않다는 사실을 기억하길 바란다. 나는 그날이 올 거라고 믿는다.

이 책을 쓰기까지 여러 가지 동기 부여가 있었다. 그 중에서도 사랑하는 딸에게 전할 메시지를 책으로 남기고 싶은 마음이 컸다. 나는 35세에 임종 체험을 하면서 죽음을 간접 경험했었다. 지금까지 살아온 지난 삶을 곱씹어보며, 인생의 새로운 터닝포인트를 찾고 싶은 마음이 간절했다. 유언서를 작성할 때, 딸 생각이 정말 많이 났다. 우리 딸은 커서 엄마가 되고 싶다고 했는데, 내가 엄마로서 딸에게 해줄 수 있는 건 무엇일까 생각했다.

엄마가 생각날 때마다 꺼내 볼 수 있는 것을 딸에게 남겨주고 싶었다. 그래서 나중에 우리 딸이 커서 엄마가 된다면, 위로가 되고 도움을 주는 이야기를 책에 담아 선물하기로 마음 먹었다. 어떤 힘듦과 어려움이 생겨도 엄마가 극복한 것처럼, 우리 딸도 슬기롭게 헤쳐 나가길 바란다. 이 세상의 축복으로 태어난 딸에게 고마운 인사를 전한다. 그 존재 자체만으로도 정말 소중하다는 것을 말해주고 싶다. 엄마가 아주 많이 사랑한다고… 남은 삶을 더욱 더 행복하고 여유롭게, 감사하면서 살길 바라며 이 책을 마친다.

끝까지 읽어주신 모든 분들께 감사드린다. 나를 진심으로 응원해준 가족과 친구, 그리고 좋은 인연이 되어주신 분들에게도 감사와 사랑을 보낸다.

평범한 전업주부는 어떻게 1년 만에 월 1,000만 원을 벌었을까?

1판 1쇄 인쇄 2021년 4월 1일
1판 1쇄 발행 2021년 4월 15일

지은이 온코치 김서현

발행인 양원석 **책임편집** 차선화
디자인 남미현, 김미선 **영업마케팅** 양정길, 강효경

펴낸 곳 ㈜알에이치코리아
주소 서울시 금천구 가산디지털2로 53, 20층(가산동, 한라시그마밸리)
편집문의 02-6443-8861 **도서문의** 02-6443-8800
홈페이지 http://rhk.co.kr
등록 2004년 1월 15일 제2-3726호

ISBN 978-89-255-8877-3 (03320)